Allegria

Das Buch

Ikigai bedeutet übersetzt »der Sinn des Lebens«. Es ist das, was uns antreibt und beschwingt. Das Praxisbuch hilft anschaulich und unmittelbar, das eigene Ikigai zu entdecken und zu stärken. Wie auf einer Reise führen die Autoren den Leser anhand der auf altem Wissen basierenden Ikigai-Methode durch seine Vergangenheit und Gegenwart bis in die Zukunft, die vielleicht besser ist, als man erwartet hat.

Die Autoren

Francesc Miralles ist ein Multitalent. Er macht Musik, schreibt Geschichten, arbeitete einige Jahre als Indie-Verleger und wurde vielfach ausgezeichnet. Heute ist er in seiner Lieblingsstadt Barcelona in Spanien zu Hause.
www.francescmiralles.com

Héctor García wurde 1981 in Spanien geboren. Nachdem er als Informatiker in der Schweiz gelebt hat, zog er 2004 nach Tokio, Japan, wo er in der Software-Entwicklung tätig ist.

Francesc Miralles
Héctor García (Kirai)

Finde dein IKIGAI

Das japanische Geheimnis
eines glücklichen Lebens

Praxisbuch

Aus dem Spanischen von
Maria Hoffmann-Dartevelle

Ullstein

Besuchen Sie uns im Internet:
www.ullstein-buchverlage.de

MIX
Papier aus verantwortungsvollen Quellen
FSC
www.fsc.org
FSC® C083411

Deutsche Erstausgabe im Ullstein Taschenbuch
Ullstein Taschenbuch ist ein Verlag der
Ullstein Buchverlage GmbH, Berlin.
1. Auflage Oktober 2018
2. Auflage 2018

Lektorat: Uwe Raum-Deinzer
Umschlaggestaltung: zero-media.net, München
nach einer Vorlage von Sanneke Prins / Sproud
Innenillustrationen: Vignetten © freepik.com
Seiten 15, 26, 84, 85, 112, 127, 235, 250
© Pere Valls Comas, 2017
S. 39 *Ascent of Fusiyama* © Sir Rutherfold Alcock,
enthalten in seinem Werk *The Capital of the Tycoon*, 1862,
bearbeitet von Pere Valls Comas
S. 200 »Enso Circle« © Francesc Miralles, 2017
S. 245 »The Three Monkeys« © Anna Sólyom, 2017
Satz: Keller & Keller GbR
Gesetzt aus der Minion
Druck und Bindearbeiten:
CPI books GmbH, Leck
ISBN 978-3-548-74673-9

Für alle, die aus dieser Welt einen
schöneren und liebenswerteren Ort machen,
indem sie andere an ihren Leidenschaften
teilhaben lassen und bei ihnen welche wecken.

Inhalt

Das Ikigai-Abenteuer

Eine Reise entlang der Stationen des Glücks

Vor etwas über zwei Jahren haben wir, die Autoren des vorliegenden Buchs, ein Projekt abgeschlossen, dessen Reichweite deutlich größer sein sollte, als wir uns jemals erträumt hätten.

Begonnen hatte alles mit einer Unterhaltung in einem Park in Tokio. Wir sprachen damals über unseren Wunsch, das »Dorf der Hundertjährigen« kennenzulernen, eine ländliche Gemeinde im Norden Okinawas mit der weltweit höchsten Lebenserwartung.

Schließlich beschlossen wir, an diesen ungewöhnlichen Ort zu reisen und mit seinen ältesten Bewohnern zu sprechen. Und diese verrieten uns, wie es ihnen gelungen war, so viele Jahre voller Energie und Motivation zu leben.

Das Ergebnis unserer damaligen Studie war das Buch *Ikigai – Gesund und glücklich hundert werden*. Darin gehen wir einem der Geheimnisse ewiger Jugend auf den Grund, dem eigenen Lebenssinn, der einem das Glück beschert, stets beschäftigt zu sein. Zur allgemeinen Überraschung landete das Buch in Spanien bereits am Tag seines Erscheinens auf Platz 1 der wichtigsten Online-Buchhandlung. Zwei Monate später waren die Rechte in dreißig Länder verkauft, darunter die USA, Russland, China und sogar Japan.

Hunderte von Lesern schrieben uns voller Begeisterung über die vielen Anregungen, die sie durch *Ikigai* bekommen hatten, stellten aber auch einige Fragen, etwa: Wie finde ich mein *Ikigai*? Ich weiß, welches meine Passion im Leben ist, bin aber immer dermaßen von meinen Verpflichtungen in Beschlag genommen, dass ich kaum Zeit für mein *Ikigai* habe. Wie kann ich meinen Traum verwirklichen?

Mit diesen Fragen haben auch wir uns eingehend befasst und beschlossen, einen durch und durch praxisbezogenen Ratgeber zu schreiben, der sowohl uns als auch unseren Lesern helfen sollte, sämtliche Facetten unseres *Ikigai* aufzuspüren und zu stärken.

Das war der Plan. Heute, zwei Jahre später, ist das Buch, das Sie in Händen halten, der Beweis dafür, dass wir die Herausforderung gemeistert haben. Wir freuen uns sehr, Ihnen ein Instrument an die Hand geben zu können, das Ihre Zukunft entscheidend beeinflussen wird, indem es Ihnen hilft, Ihre Vergangenheit zu verstehen, um Ihre Gegenwart nach Ihren eigenen Wünschen zu gestalten.

Abermals reisten wir durch Japan, das Land, das uns zu unserem ersten gemeinsamen Werk angeregt hatte, diesmal auf der Suche nach Lehren und Methoden, wie man sein *Ikigai* zum Lebensmittelpunkt und Motor für alle notwendigen Veränderungen machen kann, um seine eigene Lebensaufgabe zu erfüllen.

IKIGAI

Ikigai, geschrieben 生き甲斐, ist ein japanisches Wort, für das es keine exakte Übersetzung gibt. Gemeint ist der Sinn des Lebens oder, anders ausgedrückt, das, wofür es sich lohnt, jeden Morgen aufzustehen.

Das Wort setzt sich zusammen aus *iki*, 生き, für »Leben« oder »lebendig sein« und *gai*, 甲斐, für »sich lohnen, wertvoll sein«. *Ikigai* könnte man also auch definieren als »das, wofür es sich zu leben lohnt«.

Den Japanern zufolge schlummert in jedem Menschen ein *Ikigai* oder sogar mehrere, selbst wenn er noch gar nichts davon weiß.

Der Shinkansen-Effekt

Bei Recherchen zum sogenannten »japanischen Wunder«, das sich zwischen 1960 und 1980 ereignete, als sich das vom Zweiten Weltkrieg stark zerstörte Japan zur zweitstärksten Wirtschaftsmacht der Welt entwickelte, stießen wir auf den sogenannten Shinkansen-Effekt. Das bahnbrechende Konzept wurde bisher nur im technischen Bereich und in japanischen Unternehmen umgesetzt, wir glauben aber fest daran, dass man die ihm zugrunde liegenden Prinzipien nutzen kann, um schneller zu persönlichem Erfolg zu gelangen.

Im ersten Teil des vorliegenden Buchs wollen wir das »japanische Wunder« erstmals auf das Leben unserer Leser übertragen, um ihnen zu ermöglichen, den großen Sprung zu tun, der in jedem beliebigen Bereich unseres Lebens das Unmögliche möglich macht.

Der Shinkansen-Effekt faszinierte uns, aber im Leben geht es nicht immer nur darum, alles besser und schneller zu machen.

Auf der Reise, die wir nun gemeinsam mit Ihnen antreten, werden Sie von uns entwickelte Methoden kennenlernen, mit denen Sie Ihre Vergangenheit nutzen können, um Ihre Gegenwart zu intensivieren und mit deren Hilfe den Weg in eine Zukunft zu erhellen, in der Sie Ihre Vorhaben umsetzen werden.

Im fernen Osten spricht man von der Notwendigkeit, den Lauf der Zeit zu akzeptieren, denn das *Einzige, was sich nicht verändert, ist die Veränderung*. Folglich lohnt es sich, wenn wir Vergangenes ergründen, um den Zug unseres Lebens aktiv lenken zu können und zu verstehen, wie uns frühere Veränderungen geprägt haben. Dieses Wissen wird uns helfen, wenn sich in der Zukunft die Wege gabeln und wir grundlegende Entscheidungen treffen müssen.

Den Lauf der Zeit als Chance anzunehmen, ist eine wesentliche Voraussetzung für Glück und für die Verwirklichung eigener Vorhaben.

Unser *Ikigai* hat mit dem sich wandelnden Leben vieles gemein: Es begleitet uns als Konstante, verändert sich aber je nach Lebensphase. Mit siebzehn sehen wir in unserer Existenz einen anderen Sinn als mit siebzig.

Vor allem kommt es darauf an, dass wir in jeder dieser Phasen mit unserem *Ikigai* im Einklang sind, damit sich nicht das Gefühl einstellt, wir seien vom Weg abgewichen und äußere Kräfte hätten die Kontrolle über unseren Alltag übernommen.

Unser *Ikigai* lässt sich mit einer Funkfrequenz vergleichen: Je mehr seine Wellenlänge uns entspricht, umso stärker spüren wir, dass unser Leben einen Sinn hat.

Dieses Buch ist ein Reiseführer, der uns helfen wird, durch die unvermeidlichen Höhen und Tiefen unseres sich stetig wandelnden Lebens hindurch diesen Einklang zu wahren, indem wir Vergangenheit, Gegenwart und Zukunft miteinander verbinden, um uns in der Erfüllung unserer persönlichen Lebensaufgabe verwirklichen zu können.

Die Ikigai-Methode

Mit der **Ikigai-Methode** streben wir ein Gleichgewicht zwischen Vergangenheit, Gegenwart und Zukunft an, um uns ganz verwirklichen zu können, indem wir unsere Talente entfalten und unsere Vorhaben umsetzen.

Auf unserer Reise durch Japan haben wir drei Orte ausgewählt und jedem einen der drei großen Blöcke zugeordnet, in die das vorliegende Buch unterteilt ist:

1. Reise durch die Zukunft: Tokio

In der japanischen Hauptstadt steigen wir in den Hochgeschwindigkeitszug und greifen beim Planen einer idealen Zukunft nach den Sternen. Unsere Fantasie setzt die Grenzen dessen, was wir im Leben erreichen können. In diesem Abschnitt finden Sie Anleitungen, wie Sie mithilfe Ihres eigenen Potenzials an Fantasie Ihre Zukunft entwerfen und Ihren inneren *Shinkansen* in Bewegung setzen können.

2. Reise durch die Vergangenheit: Kyoto

Durch diese Provinz fahren wir mit einem langsameren Zug, um die Landschaft der Tradition und der Vergangenheit zu genießen. Die dabei aufkommende Nostalgie wird uns anregen, über Erlebtes nachzusinnen und uns selbst besser kennenzulernen. Unsere Antwort auf den griechischen Spruch »Erkenne dich selbst« hat viel damit zu tun, wie wir in der Vergangenheit auf Herausforderungen reagiert haben. Eine positive Interpretation früherer Erfahrungen kann unsere emotionale und mentale Gesundheit stärken, der bewusste Umgang mit Vergangenem unserer Lebensgeschichte einen Sinn verleihen. Indem wir die Leidenschaften unserer Kindheits- und Jugendjahre ins Bewusstsein zurückholen, gewinnen wir entscheidende Hinweise auf unser wahres *Ikigai*.

3. Reise durch die Gegenwart: Ise

Das Heiligtum von Ise ist über zweitausend Jahre alt. Gehört es deshalb der Vergangenheit an? Alle zwanzig Jahre zerstören die Japaner dieses historische Bauwerk und errichten es neu. Der Ise-Schrein lebt gleichsam in ewiger Gegenwart. Diese japanische Tradition kann uns helfen zu begreifen, dass es nicht gut ist, sich vom Gewicht der Vergangenheit erdrücken zu lassen. In jedem Moment unseres Lebens sind wir frei zu entscheiden, was wir sein und tun wollen. Im Heiligtum von Ise werden wir auch Tempel aufsuchen und lernen, Kreise zu zeichnen, sogenannte *Ensōs*. Wir werden einiges über die Kraft fernöstlicher Disziplinen wie das Bogenschießen erfahren, mit dem sich der Geist auf das Jetzt lenken lässt. Und wir werden sehen, dass jede Art von Kunst ein wunderbares

Werkzeug ist, um ganz in der Gegenwart und im *Flow* zu sein.

Dieses Buch ist mehr als ein Buch. Wenn Sie es aufmerksam lesen und in Ihrem Alltag die darin enthaltenen Angebote umsetzen, wird es Sie an einen Ort führen, der bisher vielleicht nur in Ihrer Fantasie existiert hat.

Machen Sie sich bereit für eine Reise durch unbekannte Landschaften, auf der Sie große Veränderungen und Überraschungen erleben werden.

Atmen Sie tief durch, und öffnen Sie Ihren Geist. Gleich geht die Fahrt los.

Danke, dass Sie uns begleiten!

Héctor García (Kirai) & Francesc Miralles

Erster Teil

Reise durch unsere Zukunft

Der Shinkansen-Effekt und andere Methoden, um große persönliche Projekte zu schmieden und die nötige Disziplin für ihre Realisierung aufzubringen

Aufbruch in der japanischen Hauptstadt
Tokio 東京

Wir starten im Bahnhof Shinjuku, durch den tagtäglich drei bis vier Millionen Passagiere strömen und der als der am stärksten frequentierte Verkehrsknotenpunkt der Welt ins Guinnessbuch der Rekorde aufgenommen wurde.

Shinjuku ist der Inbegriff dessen, was Japan zu leisten vermag.

Zunächst aber darf man einander hier nicht verpassen: Der Bahnhof hat über zweihundert Ausgänge, und den falschen zu erwischen, kann fatale Folgen haben. Um dies zu vermeiden, haben wir uns im 52. Stockwerk des Hotels Park Hyatt in der New York Bar verabredet, jener Bar, in der mehrere Szenen des Films *Lost in Translation* gedreht worden sind. Rings um unseren von Kerzen beleuchteten Tisch erlauben die großen Glasfenster einen wunderbaren Blick auf das endlose Häusermeer Tokios. Überall funkelnde Lichter, als wollte die Stadt sich in einen Sternenhimmel verwandeln. Eine Jazzband spielt Musik von Miles Davis.

»Hast du hier in Tokio nicht das Gefühl, in der Zukunft zu leben?«, fragt Francesc und nimmt einen Schluck von seinem Yamazaki Whisky.

»Das ist ja einer der Gründe, weshalb ich hierher gezogen bin«, antwortet Héctor. »Science-Fiction und alles Futuristische haben mich schon immer gereizt.«

»Und der Lebensstil der Japaner bedrückt dich nicht? Erscheint dir dieses krampfhafte Bemühen um Perfektion nicht ein bisschen unmenschlich?«

»Manchmal ja. Ich könnte dir stundenlang davon erzählen, wie stressig die Arbeit in einem so perfektionistischen Betriebsumfeld sein kann, aber ich sehe die Dinge gerne positiv.«

»Dann nenn mir einen der positiven Aspekte, Héctor ... Wenn du von allem, was dich deine zwölf Jahre Japan gelehrt haben, etwas auswählen solltest, was wäre das?«

»*Ganbarimasu!*«

»Gambas?«, erwidert Francesc lachend.

»Nicht Gambas! *Ganbarimasu.* Das Wort bedeutet ›maximalen Einsatz zur Erreichung eines Ziels leisten‹. Die Japaner verwenden es, wenn sie vor einer Herausforderung stehen, sei es im persönlichen, im sportlichen oder im Arbeitsbereich. Zum *Ganbarimasu* gehört auch, dass man ›sich nie geschlagen gibt‹, und das bewundere ich an den Japanern am allermeisten.«

»Sie geben sich auch dann nicht geschlagen, wenn das Ziel scheinbar unerreichbar ist ... dank des verblüffenden Shinkansen-Effekts«, ergänzt Francesc.

»Ganz genau. Wenn man scheinbar Unmögliches plant, wenn man sich sehr hohe persönliche Ziele setzt, löst man bei sich selbst den Shinkansen-Effekt aus. Kombiniert man ihn aber nicht mit der Kraft des *Ganbarimasu*, des kontinuierlichen Bemühens, verflüchtigen sich die Zukunftsträume, ohne jemals Wirklichkeit zu werden.«

»Mach dich bereit, deinen Shinkansen-Effekt zu aktivieren, Héctor! Auf dieser Reise werden wir unser Buch zu Ende schreiben.«

»*Ganbarimasu!*«

Nachdem wir das Park Hyatt verlassen haben, suchen wir eine der winzigen Bars auf, die sich in den Gassen rings um den Bahnhof Shinjuku befinden.

Umgeben von Neonlichtern und nicht nachlassender Betriebsamkeit hat man hier nie das Gefühl, dass es Nacht ist. Neben Shibuya gehört dieses Tokioter Stadtviertel zu denen, die niemals schlafen. Es herrscht ein frenetischer Rhythmus ohne Ruhepausen, alles läuft permanent auf Hochtouren, es geht um maximale Leistung, aber auch um maximales Feierabendvergnügen.

In der winzigen Bar, in die eigentlich nur drei Gäste passen, kommen wir mit einem Mann ins Gespräch, der über vierzig Jahre in der Stadtverwaltung von Tokio gearbeitet hat. Nachdem wir uns eine Weile mit ihm unterhalten haben, unter den Blicken eines jungen Ausländers, der einen Korb mit zwei Katzen bei sich trägt, begleitet der Mann uns in eine andere Gasse. Dort begeben wir uns in eine der oberen Etagen eines schmuddeligen Hauses und landen in einem okinawischen Restaurant, in dem ein Mann auf einem *Sanshin*, einem von den südjapanischen Inseln stammenden Saiteninstrument, traditionelle Musik spielt.

Wehmütige Erinnerungen an unsere Reise nach Ogimi werden wach. Das Dorf hatten wir damals aufgesucht, um unser Buch *Ikigai* zu schreiben. In dem kleinen Restaurant endet unser erster Abend in Tokio.

Am nächsten Tag steigen wir in den legendären Hochgeschwindigkeitszug.

Das Dorf der Hundertjährigen

In unserem vorangegangenen Buch *Ikigai – Gesund und glücklich hundert werden* haben wir von unseren Erlebnissen in Ogimi erzählt, einem Dorf mit knapp über dreitausend Einwohnern, das im Norden von Okinawa liegt, jener Insel, die sich durch die weltweit höchste Lebenserwartung auszeichnet. Ihre Bewohner leben nicht nur sehr lange, sondern man begegnet dort auch den niedrigsten Krebsraten ganz Japans, und andere Krankheiten wie etwa Diabetes kommen ebenfalls seltener vor.

Die lokalen Bedingungen in Ogimi wurden schon von vielen Wissenschaftlern erforscht. Wir sind mit Kameras in das Dorf gereist und haben eine Woche lang Gespräche mit über hundert alten Menschen geführt, sie zu ihrem Alltag befragt, zu ihren Ernährungsgewohnheiten, ihren Familien und Freunden und zum Geheimnis ihres gesunden und langen Lebens. Und natürlich wollten wir auch von ihrem *Ikigai* erfahren.

Während unseres Zusammenseins mit den alten Menschen wurde uns klar, dass keiner von ihnen sich jemals wirklich zur Ruhe gesetzt hat. Alle waren beschäftigt, viele von ihnen übten sogar mehrere Tätigkeiten aus.

»Seitdem du die Buchhaltung für den Gemüseladen nicht mehr machst, bist du ein bisschen wirr im Kopf«, beklagt sich Akiko bei einem sechsundneunzigjährigen Freund, der träge geworden ist, seitdem er nicht mehr arbeitet. Die zweiundneunzigjährige Akiko fungiert als Leiterin eines Nachbarschaftsverbandes und verkauft außerdem in einem Dorfladen handgefertigte Taschen. Sie ist immer noch sehr aktiv und der festen Überzeugung: »Wenn du nichts tust, kommt der Tod und holt dich.«

Aus unseren Beobachtungen schlossen wir unter anderem, dass die Bewohner des Dorfs der Hundertjährigen ihr *Ikigai* darin gefunden haben, stets aktiv zu sein. Vielleicht liegt das größte Geheimnis der Langlebigkeit ja wirklich darin, immer beschäftigt zu sein und seine Zeit mit Dingen zu verbringen, die man gerne macht.

1. Station – Shinkansen

Der »Geschosszug« als neuartiger Gedanke

Bevor der Zug neuen Horizonten entgegenrollt, werden wir uns den Ursprung des Konzepts anschauen, um das unser Abenteuer kreist. Hierfür blicken wir zunächst ein Vierteljahrhundert zurück und befassen uns mit einem gewissen Jack Welch.

Möglicherweise sagt Ihnen dieser Name nicht viel. Jack Welch stand von 1981 bis 2001 an der Spitze des US-amerikanischen Konzerns General Electric und gilt heute als einer der erfolgreichsten Manager des vergangenen Jahrhunderts. Unter seiner Leitung wurde bei General Electric ein System eingeführt, das darin bestand, alle drei Monate die Ziele und Aufgaben der Mitarbeiter zu überprüfen. Es wird noch heute in den meisten mittleren und großen Betrieben angewandt.

Welchs System funktionierte relativ gut, bis er feststellen musste, dass die Leistungen in einigen Abteilungen seiner Firma nachzulassen begannen.

Was war los?

Das Gesetz des geringsten Widerstands

Welch fiel auf, dass die Mitarbeiter der betreffenden Abteilungen beim Ausfüllen des Bogens mit den Dreimonatszielen *stufenweise* Verbesserungen bis hin zu belanglosen Änderungen vorschlugen. Das heißt, sie trugen Ziele ein, die leicht zu erreichen waren und von denen sie wussten, dass dafür nur ein geringer Aufwand nötig war. Sie gehorchten also dem, was wir gemeinhin das Gesetz des geringsten Widerstands nennen.

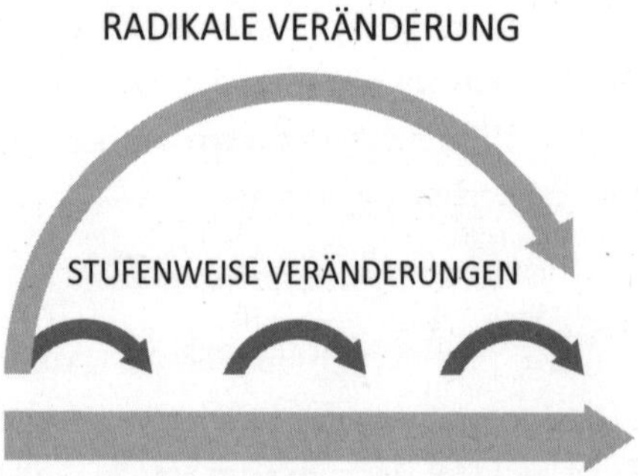

Tortilla und Omelett: stufenweise versus radikal

Eine stufenweise Verbesserung besteht darin, dass man an etwas Bestehendem Schritt für Schritt kleine Veränderungen vornimmt. Als zum Beispiel eines Tages ein spanischer Koch auf die Idee kam, einem Omelett gebratene Kartoffelscheiben beizumengen, erfand er das Kartoffelomelett bzw. die Tortilla. Das Omelett gab es bereits, die schrittweise Verbesserung bestand lediglich in der Zugabe von Kartoffeln.

Die radikale Verbesserung indes hatte viel früher stattgefunden, nämlich als der erste Mensch beschloss, ein Ei aufzuschlagen, es kräftig durchzurühren und zu braten. So war das Omelett entstanden, etwas, was es vorher noch nie gegeben hatte. Zweifellos eine kulinarische Revolution.

Folgendes ist uns allen schon passiert: Nachdem wir im Rahmen eines Projekts die wichtigsten Ziele erreicht haben, lehnen wir uns zurück und leisten nur noch ein Minimum, damit alles gut weiterläuft. *Wir Menschen sind von Natur aus bequem* – das sollten wir akzeptieren. Wollen wir uns aber selbst übertreffen und neue Gipfel erstürmen, müssen wir gegen das Fehlen neuer Horizonte ankämpfen.

Dies gilt nicht nur im betrieblichen Kontext. Das Gesetz des geringsten Widerstands herrscht auch in so unterschiedlichen Bereichen wie

- dem Umgang mit unserem Körper und unserer Gesundheit,
- der Pflege unserer Paarbeziehung und/oder der Beziehung zu unseren Kindern,
- der Pflege von Freundschaften und der Freizeitgestaltung,
- intellektuellen, künstlerischen und sogar spirituellen Vorhaben.

Aus Trägheit oder aufgrund unseres hektischen Lebensstils halten wir an eingefahrenen Ess- und Schlafgewohnheiten fest, bis unser Körper uns ernst zu nehmende Signale sendet, werden in unserer Beziehung lethargisch, bis es zur Krise kommt, und so fort in allen Lebensbereichen.

Von Zeit zu Zeit verbessern oder verändern wir Kleinigkeiten, wie die Mitarbeiter von General Electric bei ihrer dreimonatlichen Revision, meist handelt es sich dabei aber um notdürftige Ausbesserungen, die nichts Wesentliches an der Situation ändern.

Nicht immer ist Faulheit der Grund für unser Verhalten. Manchmal wollen wir schlicht und einfach etwas bewahren, in das wir eine Menge Zeit investiert haben, und es fehlt uns an Zeit und Energie, um die nächste Stufe zu erklimmen.

Oder macht uns echte Veränderung etwa Angst?

Mikawas Geheimnis

Jack Welch befasste sich intensiv mit einem bekannten psychologischen Problem: Wie motiviert man in relativ gut funktionierenden Arbeitsbereichen die Mitarbeiter dazu, Risiken einzugehen und weitere Innovationen zu wagen?

Die Lösung fand er bei einem Besuch in Tokio im Jahr 1993.

Dort traf er sich mit Eiji Mikawa, dem Chef des auf Medizintechnik spezialisierten japanischen Tochterunternehmens von General Electric.

Jack Welch war beeindruckt von den rasanten Fortschritten des Unternehmens, das alle übrigen Abteilungen von General Electric überflügelte. Die japanische Tochtergesellschaft brachte seit Jahren die besten und schnellsten Computertomografie-Geräte der Welt auf den Markt.

Mikawa weihte Welch in sein Geheimnis ein, von dem auch wir uns für dieses Buch inspirieren haben lassen:

»Wenn du willst, dass ein Zug 10 km/h schneller fährt, steigere einfach die PS-Zahl seines Motors. Willst du sein Tempo aber von 150 km/h auf 300 km/h steigern, solltest du noch viele andere Dinge bedenken.

Müssen sämtliche Gleise ausgetauscht und die Trassen verbreitert werden? Muss das Aufhängungssystem verändert werden? Muss die Aerodynamik der Waggons verbessert, müssen also neue Züge konstruiert werden?

Du musst ›out of the box‹ denken, das heißt, völlig umdenken. Ein paar Veränderungen machen keinen neuen Zug. Du musst mit einer von Grund auf neuen Denkweise an die Sache herangehen.«

Ein scheinbar unmöglicher Auftrag

Auf der Suche nach dem Ursprung dieses aufschlussreichen Konzepts müssen wir bis ins Jahr 1958 zurückgehen. Mitten im Aufschwung der Nachkriegszeit, während des japanischen Wirtschaftswunders, beauftragte die japanische Regierung die staatliche Bahngesellschaft JNR (Japanese National Railways) mit der Entwicklung einer möglichst schnellen Verbindung zwischen Tokio und Osaka.

Ein paar Monate später legten die Ingenieure von JNR die Entwürfe für einen Zug vor, der eine Durchschnittsgeschwindigkeit von 100 km/h würde erreichen können. Für die damalige Zeit war dies ein schwindelerregendes Tempo, und wäre jenes erste Vorhaben verwirklicht worden, wäre einer der schnellsten Züge der Welt entstanden.

Aber die Ingenieure erhielten von den JNR-Managern eine völlig unerwartete Antwort:

»Wir brauchen einen Zug, der doppelt so schnell fährt.«

Die verdutzten Fachleute erwiderten, das sei völlig unmöglich. Einen Zug, der 200 km/h fahre, gebe es nur in Science-Fiction-Filmen. Darauf erwiderten die Manager, man werde ihnen so viel Geld zur Verfügung stellen, wie sie wollten, die Regierung habe ihnen für dieses *scheinbar* unmögliche Projekt unbeschränkte Vollmacht erteilt.

Einige Monate darauf unterbreiteten die Ingenieure den Managern einen neuen Vorschlag. Sie hatten den künftigen Zug diesmal auf einer von Grund auf neuen Basis konzipiert. Um die irrsinnige Geschwindigkeit von 200 km/h zu erreichen, schlugen sie vor,

- Form, Höhe und Breite der bislang in Japan genutzten Gleise zu verändern,
- einen Großteil des Budgets für den Bau von Tunneln vorzusehen, die eine Fahrt durch die Bergregion nahe dem Fuji ermöglichen würden,
- sich vom herrschenden Bild eines Zuges zu verabschieden und künftig leichtere und aerodynamischere Verkehrsmittel zu bauen, die einen geringeren Luftwiderstand bieten würden.

Mit anderen Worten: Für eine Tempsteigerung von 10 km/h hätte es genügt, einige Dinge zu verbessern, wollte man aber die Geschwindigkeit verdoppeln, musste man *alles ändern*, musste in Sachen Eisenbahn völlig umdenken.

Diesen radikalen Wandel, den sogenannten Shinkansen-Effekt, der heute im technischen Bereich und auch im Geschäftsleben praktiziert wird, können wir auf alle »Abteilungen« unseres Lebens übertragen.

Um noch mal auf den »fast unmöglichen Auftrag« zurückzukommen, den die Ingenieure der JNR erhalten haben: 1964, also nur sechs Jahre nach der Auftragserteilung durch die Regierung, wurde anlässlich der Olympischen

Sommerspiele in Tokio der erste »bullet-train« – zu Deutsch »Geschosszug« – der Geschichte eingeweiht.

Der Shinkansen, ein Meilenstein in der Verkehrsgeschichte, der weltweite Bewunderung auslöste, verband damals Tokio und Osaka mit einer Geschwindigkeit von 200 km/h, womit die Reisezeit zwischen beiden Städten von sechs Stunden und vierzig Minuten auf drei Stunden und zehn Minuten schrumpfte.

Die Innovationen, die zur Konstruktion des ersten Hochgeschwindigkeitszuges der Geschichte führten, sollten in den folgenden Jahrzehnten überall auf der Welt den Bahnverkehr revolutionieren.

Jener enorme Fortschritt, von dem wir noch heute profitieren, begann mit einem radikalen Umdenken.

Shinkansen: der Geschosszug

In wörtlicher Übersetzung bedeutet *Shinkansen* 新幹線 »neue Stammstrecke«. Das Wort setzt sich aus den Schriftzeichen 新 für »neu«, 幹 für »Stamm-, Haupt-« und 新 für »Strecke, Linie« zusammen. Der allererste Zug namens *Hikari* (Licht) legte bei seiner Einweihung im Jahr 1964 die »neue Stammstrecke« von Tokio nach Osaka zurück und ging mit seinen über 200 km/h als erster Hochgeschwindigkeitszug in die Geschichte ein. Im Ausland benutzte man den Begriff *Shinkansen* alsbald sowohl für den *Hikari* als auch für die Bahnlinie und sprach auch gern vom »japanischen Geschosszug«.

Das Shinkansen-Denken

Eiji Mikawa sprach begeistert davon, dass in seiner Firma bei allem das »Geschosszug-Denken« praktiziert werde. Planten etwa die Führungskräfte einer bestimmten Abteilung eine Kostensenkung um fünf Prozent, so bitte er sie, sich zu überlegen, wie man die Kosten um fünfzig Prozent reduzieren könnte.

Jack Welch war so beeindruckt von Eiji Mikawas Schilderungen, dass er dessen Philosophie übernahm und bei General Electric in den USA einführte, wo er sämtliche Mitarbeiter und alle Abteilungen bat, »Shinkansen-Ziele« in ihre Vierteljahresprüfung aufzunehmen.

Dies ist einer der Hauptgründe, warum General Electric, ein Unternehmen, das immerhin vor über hundert Jahren gegründet wurde und Hunderttausende von Mitarbeitern zählt, wettbewerbsfähig und innovativ geblieben ist.

> »Wenn man ein Ziel hat, von dem man glaubt,
> man werde es in zehn Jahren erreichen, besteht die
> beste Umsetzungsstrategie darin, sich zu überlegen,
> wie man dasselbe Ziel in einem Jahr erreichen könnte.«
>
> Peter Thiel (Investor aus Silicon Valley)

Häufig gelangen Unternehmen oder Personen, die sich »Geschosszug-Ziele« setzen, in unserer Gesellschaft irgendwann zu Berühmtheit.

Ein Beispiel ist der US-Amerikaner Elon Musk, der eines Tages eine Idee entwickelte, die viele für »verrückt« hielten. Er plante den Bau von Raketen, die sowohl starten als auch landen können. Mit seinem Privatunternehmen Space X erreichte er sein Ziel in weniger als zehn Jahren, im Gegensatz zur NASA, der in ihrer über fünfzigjährigen Forschungs- und Entwicklungsarbeit nichts Derartiges gelungen ist.

Außerdem erfand Elon Musk den *Hyperloop*, ein terrestrisches Transportsystem, bei dem Geschwindigkeiten von bis zu 1200 km/h erreicht werden. Sein ganz persönliches Geschosszug-Ziel besteht darin, den ersten Menschen zum Mars zu schicken. Wird ihm dies gelingen?

Und Sie? In welchem Bereich Ihres Lebens möchten Sie den Shinkansen-Effekt nutzen?

BESTIMMEN SIE IHR ERSTES SHINKANSEN-ZIEL

Um diesen Namen zu verdienen, muss ein Traum oder Wunsch *scheinbar unmöglich zu verwirklichen* sein. Ein Projekt, bei dem Sie das Gefühl hätten, es ließe sich relativ leicht umsetzen, würde nicht zur Kategorie eines »Geschosszug-Ziels« gehören.

Sich scheinbar unmögliche Ziele vorzustellen, hilft einem dabei, einmal querzudenken und sich von alten Mustern oder Prozessen zu lösen.

Schreiben Sie ohne Scheu Ihre Shinkansen-Ziele auf!

- Wollen Sie Ihren eigenen Hubschrauber steuern? *Schreiben Sie es auf!*
- Wollen Sie nach Alaska reisen und Polarlichter sehen? *Schreiben Sie es auf!*
- Wollen Sie, dass sich die Verkaufszahlen Ihres Familienunternehmens verdreifachen? *Schreiben Sie es auf!*
- Wollen Sie einen Film drehen? *Schreiben Sie es auf!*

Wenn wir das Aufschreiben hier immer wieder betonen, so deshalb, weil etwas aufzuschreiben ein erster, einfacher Schritt auf dem Weg zu einem Höhepunkt im Leben ist.

Fangen Sie gleich damit an:

Mein Shinkansen-Ziel Nr. 1 ist:

____

Natürlich werden durchs Aufschreiben allein keine Träume wahr. Notieren Sie weiter unten zehn Initiativen, die Sie ergreifen werden, um Ihr erstes Geschosszug-Ziel zu erreichen. Schreiben Sie auf, *was* Sie machen werden, *wie* Sie es machen werden und *wann* Sie damit beginnen wollen.

WAS DU MACHST WIE DU ES MACHST WANN DU ES MACHST

1. ____

2. ____

3. ____

4. ____

5. ____

6. ____

7. ____

8. ____

9. ____

10. ____

Würde mein *Shinkansen-Ziel Nr. 1* zum Beispiel darin bestehen, vor tausend Menschen einen Vortrag zu halten, könnte meine Aktionsliste folgendermaßen aussehen: Bücher zum Thema »Vor Publikum sprechen« kaufen; mich mit Rednern treffen, um Ratschläge einzuholen; mir auf YouTube Videos von Rednern anschauen, die ich bewundere; mich beim Üben mit einer Kamera filmen und mir das Ergebnis am Computer ansehen; zu Übungszwecken einen einfachen Vortrag für eine kleinere lokale Veranstaltung vorbereiten; mich bei einem Kurs für Vortragstraining anmelden; Theaterkurse belegen, um mein Lampenfieber zu überwinden …

Der uruguayische Coach Mario Reyes rät, bei der Planung der einzelnen Schritte konkret das *Was, Wie* und *Wann* festzulegen. Bei meinem Ziel sähe es bei Schritt 1 so aus:

WAS DU MACHST	WIE DU ES MACHST	WANN DU ES MACHST
1. Bücher zum Thema »Vorträge halten« lesen	In einer Fachbuchhandlung um Rat bitten	Morgen um 14.30 Uhr in der Mittagspause

Sobald Sie alle zehn Aktionen konkretisiert haben, jede mit ihrem *Was, Wie* und *Wann*, setzen Sie Ihre Unterschrift unter die Liste, als würden Sie mit sich selbst einen Vertrag abschließen, und legen das Blatt an eine Stelle, wo Sie es während Ihrer täglichen Aktivitäten in Sichtweite haben.

Nachdem Sie unterschrieben haben, gibt es kein Zurück mehr.

Der Geschosszug ist abgefahren.

2. Station – Fuji

Das Unmögliche trainieren

Unser Zug hält in dem ruhigen Ort Mishima, der kurz vor dem Reiseabschnitt mit der Aussicht auf den Fuji liegt. Wird der meistverehrte Berg der Japaner heute zu sehen sein, oder wird er im Nebel liegen?

Erfahrene Reisende buchen beim Kauf eines Shinkansen-Tickets von Tokio nach Kyoto oder umgekehrt einen Platz »auf der Fuji-Seite«. Dort warten sie dann ungeduldig darauf, ob sich der imposante heilige Berg in seiner ganzen Pracht zeigen wird.

An dunstigen Tagen rollt der Zug am Berg ihrer Träume vorbei, ohne dass die Reisenden ihn zu Gesicht bekommen. Der Fuji ist immer da, wie jedes große Ziel im Leben, aber mitunter versperren uns die Nebel des Alltags die Sicht.

Der Berg der Unsterblichkeit

Die erste schriftliche Erwähnung des Berges Fuji findet sich in einer Erzählung aus dem zehnten Jahrhundert. Die Hauptfigur der Geschichte ist ein junges Mädchen namens Kaguya, das vom Mond stammt. Der Kaiser, der Kaguya liebt, will sie zur Frau nehmen, doch sie lehnt seinen Heiratsantrag ab. In einer Vollmondnacht im August nimmt ein großes Licht sie auf und bringt sie zurück nach Hause, zu den Mondmenschen. Der verliebte Kaiser schreibt Kaguya einen Brief und beauftragt seine Armee, diesen zum Gipfel des Berges Fushi (不, »ohne«, 死, »Tod«) zu tragen, dem Ort, von dem die Japaner in alten Zeiten glaubten, er läge dem Mond am nächsten.

Oben angekommen, verbrennen die Soldaten den Brief, in der Hoffnung, der Rauch werde zum Mond aufsteigen und die Worte des Kaisers zu Kaguya bringen. Zugleich mit dem Brief verbrennen sie ein Unsterblichkeitselixier, da der Kaiser nicht ewig leben will.

Das Wort *fushi* bedeutet »ohne Tod« oder »unsterblich«. Mit der Zeit wandelte sich seine Aussprache zu *fuji* (bestehend aus 富, »erfüllt von, Reichtum«, und 士, »Soldat«). Diese zweite Bedeutung bezog sich auf die heldenhaften Soldaten, die bis zum Gipfel gestiegen waren, um die kaiserliche Botschaft zum Mond zu schicken.

Im Volksglauben trägt nun jedes Mal, wenn der Fuji ausbricht, dessen Rauch des Kaisers Worte an Kaguya zu unserem Trabanten hinauf, und der Berg verkörpert die Liebe und die ewige Hoffnung, dass Unmögliches möglich wird.

Das Abenteuer von Sir Rutherford Alcock

Der erste Mensch, von dem bekannt ist, dass er den unter ewigem Schnee liegenden Vulkangipfel bestiegen hat, war indes kein kaiserlicher Soldat, sondern im Jahr 663 ein buddhistischer Mönch.

Bis zu diesem Zeitpunkt hatte man einen Aufstieg bis zum Gipfel für unmöglich gehalten, nach und nach aber wurde diese Unmöglichkeit von immer mehr Menschen überwunden. Dennoch durften bis zum Beginn der Meiji-Ära im neunzehnten Jahrhundert weder Frauen noch Ausländer den als heiligen Berg verehrten Fuji besteigen.

Der erste Nicht-Japaner, der den weißen Gipfel erreichte, war im Jahr 1860 der britische Diplomat Sir Rutherford Alcock.

Die japanischen Behörden schätzten die von ihm für Ende November geplante Besteigung als sehr leichtsinnig ein und rieten dem Briten angesichts der Wetterbedingungen davon ab. Überdies wusste man, dass sich ein Taifun auf das japanische Festland zubewegte.

Tatsächlich näherte sich der Taifun, als Alcock gerade mit dem Aufstieg begonnen hatte. Beamte der japanischen Regierung werteten dies als ein Zeichen der Götter, eine warnende Erinnerung daran, dass Ausländern der Zugang zu diesem heiligen Ort nicht gestattet war. Der Diplomat aber schlug alle Warnungen vor dem angeblich unmöglichen Aufstieg in den Wind, kletterte Schritt für Schritt höher und erreichte als erster Ausländer den Gipfel des Fuji.

Damals war eine solche Aktion tatsächlich ein sehr gewagtes Unterfangen, schon viele Bergsteiger hatten am Fuji ihr Leben gelassen, doch der sportliche Sir Rutherford Alcock bezwang die 3776 Meter, die zwischen Meereshöhe und Gipfel liegen, in acht Stunden und benötigte drei Stunden für den Abstieg.

Sir Rutherford hatte das Glück auf seiner Seite gehabt: Kurz nach seinem Abstieg traf der Taifun auf die Küste von Shizuoka.

Alcock beschrieb den Berg Fuji als einen unwirtlichen, felsigen Ort, an dem man sich wie auf einem fremden Planeten vorkomme. Als hervorragender Zeichner hielt er die

Aufstieg zum Fuji, Zeichnung von
Sir Rutherford Alcock aus seinem Tagebuch

charakteristische Silhouette des heiligen Berges erstmals für die westliche Welt fest.

In den Briefen, die er während seines dreijährigen Japan-Aufenthalts an die britische Regierung schrieb, schilderte Alcock, der übrigens auch der erste in Japan lebende Brite war, seine Bergbesteigung.

»Das letzte Stück war das schwierigste, da uns die wachsende Müdigkeit immer mehr zusetzte. Wir mussten häufig stehen bleiben, um gegen die Schmerzen in unseren Beinen anzukämpfen und Atem zu schöpfen. Einige meiner Begleiter und auch ich selbst dachten daran umzukehren, doch wir stiegen weiter, bis der letzte Schritt getan war und wir am Gipfel den Krater vor uns hatten und die Aussicht bewundern konnten.«

Sir Rutherford Alcock

»Mission: possible«

Unser Leben ist voller Berge, deren Besteigung wir für verboten halten oder die wir nicht erklimmen zu können glauben. Meistens aber liegt der Nebel, der uns die Sicht verwehrt, in der Brille, durch die wir schauen.

Wir müssen unseren Blick von »Unmöglichem« freiwischen wie eine beschlagene Scheibe, um den Weg zum Gipfel antreten zu können. Denn im Grunde ist das Unmögliche nur ein mentales Etikett, ein trügerischer Filter vor unseren Augen.

Im Laufe unseres Lebens gibt es immer wieder Momente, in denen wir uns aus irrationalen Gründen nicht zutrauen, bestimmte Dinge zu verwirklichen, da uns allein bei dem Gedanken daran schwindelig wird. Im Geiste errichten wir etliche Mauern auf unserem Lebensweg, und wenn sie dann schließlich fallen, können wir kaum glauben, dass sie uns einmal derartige Angst eingejagt, uns gelähmt und frustriert haben.

Die mentale Trennlinie zwischen Möglichem und Unmöglichem ist sehr schmal, und der Ingenieur oder der literarische *Sherpa*, um nur zwei Beispiele zu nennen, haben die Aufgabe, uns bei ihrer Überquerung behilflich zu sein.

Walt Disney sagte einmal, dass »nichts mehr Spaß macht, als das Unmögliche zu tun«. Daher mag es ein gutes Wochenziel sein, sozusagen als sportliche Übung mindestens eine Sache zu machen, zu der wir uns vollkommen unfähig fühlen.

Japanisch oder Ungarisch lernen, mit einer vermeintlich zu schwierigen Sportart anfangen, zweihändig und ohne Partitur Klavier spielen, eine unbezwingbare Region erkunden … oder in unserer Nähe einen Berg wie den Fuji erklimmen.

Dem Whatsapp-Spruch einer guten Freundin zufolge beginnt alles mit einem Etikettenwechsel:

MISSION: POSSIBLE.

MACHEN SIE EINE LISTE MIT UNMÖGLICHEN DINGEN, DIE GAR NICHT UNMÖGLICH WAREN

Eine sehr wirkungsvolle Methode, um unseren Horizont von Hindernissen, Vorurteilen und dem Glauben, wir könnten dies und das nicht schaffen, zu befreien, besteht darin, sich an »Unmöglichkeiten« zu erinnern, die sich im Nachhinein als das Gegenteil herausstellten.

Wir, die Autoren dieses Buchs, haben es einmal ausprobiert, und so sieht das Ergebnis aus:

Die drei falschen Unmöglichkeiten von Francesc:

1. Schwimmen lernen. »Bis ich vierzehn war, hatte ich wahrhaft panische Angst vor Wasser und war mir sicher, dass ich es niemals schaffen würde, ein Schwimmbecken, in dem ich keinen Boden unter den Füßen hätte, zu durchqueren. Erst spät habe ich entdeckt, dass ich mich über Wasser halten konnte.«

2. Ein Hochschulstudium abschließen: »Da ich schon in der Schule jedes Jahr in vier oder fünf Fächern miserabel abgeschnitten habe, glaubten weder ich noch meine Lehrer, noch irgendjemand sonst daran, dass ich jemals das Abitur, geschweige denn einen Hochschulabschluss schaffen würde. Als ich dieses Vorurteil los war, absolvierte ich ein komplettes Germanistikstudium.«

3. Eine Freundin haben: »Auch das schien mir bis zum Alter von drei- oder vierundzwanzig unmöglich, da die Mädchen, die mir gefielen, mir wie unerreichbare Göttinnen oder außerirdische Wesen vorkamen. Als mir klar wurde, dass sie genauso waren wie ich, Menschen mit Ängsten, Zweifeln und Wünschen, verzog sich dieser Schleier des Unmöglichen.«

Die drei falschen Unmöglichkeiten von Héctor:

1. Im Cern arbeiten: »Wenn ich früher populärwissenschaftliche Bücher las, stellte ich mir die NASA oder das CERN immer wie Orte vor, an denen nur einige wenige Auserwählte arbeiten. Es erschien mir vollkommen utopisch, dass ich jemals dort aufgenommen werden könnte. 2004 erhielt ich eine Stelle im CERN, und mein Traum wurde wahr.«

2. Nach Japan reisen: »Wenn ich als Kind einen Atlas aufschlug, kam mir Japan wie ein unendlich fernes, exotisches Land vor, das ich mit Sicherheit niemals aufsuchen würde.

Inzwischen lebe ich seit zwölf Jahren im Reich der aufgehenden Sonne.«

3. Ein Buch veröffentlichen: »Isaac Asimov gehört zu den Autoren, die mich als Jugendlichen begeistert haben. Ich las seine Biografie und war fasziniert, dass er über vierhundert Bücher veröffentlicht hatte. Damals wirkte die Verlagswelt, die Asimov beschrieb, wie etwas Außerirdisches auf mich. Jetzt wird unser Buch *Ikigai* in den USA und in dreißig anderen Ländern verkauft und ist bei Penguin erschienen, einem der Verlage, bei denen auch Isaac Asimov publiziert hat.«

Immer wenn Sie glauben, zu etwas nicht fähig zu sein, wird es Ihnen sehr nützlich sein, eine Liste all dessen aufzustellen, von dem Sie einmal dachten, Sie würden es niemals hinbekommen, das Sie aber doch gemacht haben. Diese Bestandsaufnahmen mögen zum Teil lächerlich wirken, wie man bei uns beiden gesehen hat, aber sie helfen einem, selbst errichtete Mauern einzureißen.

3. Station – Ganbarimasu

Was Geduld und Ausdauer bewirken

Der Geschosszug, in dem wir nach Kyoto reisen, scheint geradezu über den Schienen zu schweben, gleichmäßig und sanft; er ist das Resultat Tausender Arbeitsstunden von Ingenieuren, die ihren gemeinsamen Traum nicht eher aufgaben, bis sie ihn verwirklicht hatten.

Ausdauer ist eine der Fähigkeiten, die im Denken der Japaner eine zentrale Rolle spielen. In vielen Mangas und Animes durchlebt die Hauptfigur eine chancenlose Kindheit, in der es ihr an vielem fehlt. Aber sie hat ein Ziel oder einen Lebensplan, ein *Ikigai*, mit dessen Hilfe sie Hindernisse überwindet und vorankommt.

Diesen Horizont vor Augen, eignet sich das Kind Wissen an, wird immer besser und schließlich zum Helden seines Vorhabens.

In den typischen nordamerikanischen Comics dagegen verfügen der Held oder die Heldin meist über angeborene Kräfte und werden von Ehrgeiz oder Gerechtigkeitsstreben geleitet. Geduld oder Ausdauer spielen dagegen eine untergeordnete Rolle.

Einfache Ziele und große Erfolge

Ein weiteres Charakteristikum japanischer Heldenfiguren ist, dass sie sich einfache, bescheidene, aber hehre Ziele setzen. Große Ambitionen haben sie nicht.

Ein typischer Manga-Plot könnte zum Beispiel so aussehen, dass der Protagonist ein guter Sushi-Koch, der beste TV-Nachrichtensprecher seiner Provinz oder Immobilienverkäufer werden will. Es existiert sogar eine Fernsehserie namens *Shinkansen Girl,* in der es um das Leben von Frauen geht, die in den Hochgeschwindigkeitszügen als Fahrbegleiterinnen arbeiten und alles daransetzen, sich so gut wie möglich um die Fahrgäste zu kümmern.

Das sind einfache Ziele, mit denen sich jeder identifizieren kann, gleichwohl gelangen die Protagonisten aufgrund ihrer Hartnäckigkeit zu großen persönlichen Erfolgen.

Eine weitere bei den Japanern hoch angesehene Tugend ist die Geduld.

Japaner sind sehr geduldig, was nicht bedeutet, dass sie darauf warten, dass etwas von allein passiert, oder auf ein Wunder hoffen. Vielmehr bauen sie auf Ausdauer und Hartnäckigkeit, um das gewünschte Ziel zu erreichen.

»Willst du einen Stein erwärmen,
so setz dich hundert Jahre lang darauf.«

Japanisches Sprichwort

Mach es so gut wie möglich

In der japanischen Sprache allgemein und auch in vielen Alltagswendungen besitzt Ausdauer einen besonders hohen Stellenwert.

Einer der ersten Begriffe, die einem beim Studium des Japanischen begegnen, ist *ganbarimasu*, 頑張ります, das man mit »Ich gebe mein Bestes« übersetzen könnte. Das erste Schriftzeichen des Wortes, 頑, bedeutet »stur, hartnäckig, beharrlich«, das zweite, 張, »strecken, dehnen«, die

Verbindung beider Zeichen also »meine Sturheit bzw. mein Ziel aufs Äußerste dehnen«.

Mit dem Begriff *ganbarimasu* verwandt ist der Ausdruck *ganbatte kudasai*, der so viel bedeutet wie »mach es so gut wie möglich«, wörtlich übersetzt »sei stur und unerschütterlich, bis du dein Vorhaben erreicht hast«. *Ganbatte kudasai* hört man oft bei Sportlern, die sich gegenseitig anspornen, aber auch in der Arbeitswelt, wenn neue Herausforderungen anstehen.

Zur *Ganbarimasu*-Haltung gehört, dass der Betreffende nicht nachlässt, bis er sein Ziel erreicht hat.

Ein hundertjähriger Plan

Im Jahr 2027 soll ein neuer japanischer Hochgeschwindigkeitszug seinen Betrieb aufnehmen. Tokio wird dann über eine nicht einmal fünfundvierzig Minuten lange Verbindung mit der 286 km entfernten Stadt Nagoya verfügen. Nun ist aber nicht nur bis 2027 alles bis ins kleinste Detail durchgeplant, man will außerdem bis zum Jahr 2045 auch auf der Strecke nach Osaka Magnetschwebebahnen einführen und hat errechnet, dass die damit verbundenen hohen Investitionen in neue Technologien ab 2120 keine finanzielle Belastung mehr für den Staat darstellen, sondern JR (Japan Railways) und der japanischen Regierung wirtschaftliche Gewinne einbringen werden.

Ein über hundertjähriger Plan!

Bevor wir in unserem persönlichen Geschosszug an Tempo zulegen, sollten wir also erst einmal das Ziel und die verschiedenen Stationen unserer Reise klar definieren.

Der durch Ausdauer und Ganbarimasu verstärkte *Shinkansen-Effekt* lässt sich in dieser Formel zusammenfassen:

Geduld ohne Taten führt zu einem passiven Leben. Geduld gepaart mit Ausdauer bringt uns ans Ziel.

Der übende Mensch

Der schwedische Psychologe Anders Ericcson, der gemeinsam mit Robert Pool das Buch *Peak* verfasst hat, ist der Ansicht, dass der *Homo sapiens* (der wissende Mensch) eigentlich *Homo exercens* (der übende Mensch) heißen müsste, da der Mensch die einzige Spezies ist, die ein Bewusstsein dafür hat, dass man durch Üben besser wird.

Freilich erzielt man nicht durch jede Art des Übens wirkliche Fortschritte. Ericcson unterteilt Üben in zwei Kategorien:

I. Naives Üben: Planlos Zeit mit einer bestimmten Sache verbringen. Wir können noch so viele Stunden üben – solange wir es auf ineffiziente oder sogar falsche Weise tun, werden sich die gewünschten Fortschritte nicht einstellen.

II. Geleitetes Üben: Beim Üben einen durchdachten Plan verfolgen, um seinem Ziel näher zu kommen. Ericcson rät bei dieser Art des Übens dazu, sich an drei Hauptregeln zu halten:

1. *Die Ziele konkretisieren.* Nur so wissen wir, welche Schritte wir unternehmen und in welche Richtung wir sie lenken müssen, um unsere Ziele zu erreichen.

2. Hoch konzentriert üben. So können wir uns den verschiedenen Situationen und Schwierigkeiten anpassen, ohne das Ziel aus den Augen zu verlieren.

3. Permanentes Feedback einholen. So vergewissern wir uns, dass wir auf dem richtigen Weg sind, und können gegebenenfalls Korrekturen vornehmen.

Anmerkung: Details zur praktischen Anwendung finden sich in Kapitel 5, »Feedback – Der Blick des anderen als Spiegel«, in dem wir genauer erläutern, wie man wirkungsvolles Feedback einholt.

Die Regel der zehntausend Stunden

Inspiriert durch Ericcsons Forschungen, schrieb der britische Journalist Malcolm Gladwell vor etwa zehn Jahren sein Buch *Überflieger*, in dem er sich fragt, warum manche Menschen erfolgreich sind und andere nicht.

Obwohl zweifellos auch genetische Veranlagung, familiäres Umfeld und Erziehung eine Rolle spielen, benötigt man laut Gladwell zehntausend Übungsstunden, um es bei einer Tätigkeit zum Erfolg zu bringen. Er führt einige Beispiele von Genies an, die sich, bevor sie »zur Blüte gelangten«, in ebendiesem zeitlichen Umfang ihrer Sache gewidmet hatten:

1. Mozart. Wenngleich er bereits mit sieben Jahren zu komponieren begonnen und in seinen Jugendjahren einige beachtliche Musikstücke geschrieben hatte, schuf er seine großen Werke erst nach dem einundzwanzigsten Lebensjahr, als er bereits über zehntausend Stunden mit Komponieren, Üben und Auftritten vor Publikum verbracht hatte.

2. Die Beatles. Auch sie brauchten die besagten zehntausend Stunden, um zum Erfolg zu gelangen. Einen Großteil ihrer Übungszeit absolvierten sie in Hamburg, wo sie zwischen August 1960 und Dezember 1962 regelmäßig in vier verschiedenen Clubs auftraten und ihre Fähigkeiten unermüdlich perfektionierten. Als sie nach England zurückkehrten, waren sie bereit für den Erfolg.

»Wir sind das, was wir wiederholt tun.«

Aristoteles

Stellen Sie sich nun vor, Sie wollen etwas Bestimmtes lernen. Doch bevor Sie festlegen, wie viel Zeit Sie dieser Sache widmen werden, schauen Sie sich die verschiedenen Leistungsebenen an, die man laut Gladwell je nach Anzahl der investierten Übungsstunden erreicht:

a) *In einer Stunde* erhält man eine elementare Einführung in die Materie.
b) *In zehn Stunden* erlangt man eine umfassendere Kenntnis der wichtigsten Begriffe.
c) *In hundert Stunden* erreicht man ein mittleres Niveau.
d) *In tausend Stunden* wird man zum Spezialisten.
e) *In zehntausend Stunden* wird man zum Meister seines Fachs.

Die letzte Stufe ist die der Exzellenz, und dem Neurowissenschaftler Daniel Levitin zufolge benötigt das menschliche Gehirn die entsprechende Zeitspanne, um eine bestimmte Tätigkeit exzellent zu beherrschen.

Eine andere, in Princeton durchgeführte Studie kommt allerdings zu dem Ergebnis, dass selbst intensives Üben nicht unbedingt zum Erfolg führt, wenn man, obwohl man ein Meister seines Fachs ist, *die Bedeutung der richtigen Gelegenheit* nicht zu schätzen lernt.

Einmal abgesehen von den zehntausend Stunden, die den Beatles zur Meisterschaft verhalfen, wüssten wir heute vermutlich nichts von ihrer Existenz, wenn sie bei ihrer Rückkehr nach London weiterhin in Kellerräumen geübt hätten und nicht losgezogen wären, um ihr Glück zu versuchen.

PLANEN SIE IHRE ZEHNTAUSEND STUNDEN

Falls es etwas gibt, das Ihr Herz höher schlagen lässt, ein *Ikigai*, dem Sie Ihr Leben widmen möchten, können Sie versuchen, unter Befolgung der oben genannten Gesetzmäßigkeit zur Meisterschaft zu gelangen.

Beharrlichkeit oder *Ganbarimasu* ist dafür eine unerlässliche Voraussetzung. Im Übrigen aber bestimmen Sie selbst, wie viele Jahre Sie sich geben können oder wollen, um Ihr großes Ziel zu erreichen.

Zahlen lügen nicht:

- 8 Stunden täglich x 5 Tage die Woche = 5 Jahre
- 4 Stunden täglich x 5 Tage die Woche = 10 Jahre
- 2 Stunden täglich x 5 Tage die Woche = 20 Jahre
- 1 Stunde täglich x 5 Tage die Woche = 40 Jahre

In relativ kurzer Zeit Meister eines Fachs zu werden, verlangt also absolute Hingabe, was in der Regel nur möglich ist, wenn unsere Leidenschaft sich mit unserer Arbeit deckt. Doch selbst wenn wir einer anderen Tätigkeit nachgehen, kann uns eine Passion – etwa eine künstlerische Tätigkeit, Sport, die Arbeit an einem Forschungsobjekt – unser Leben lang auf beglückende Weise begleiten.

Fragen wir uns zunächst: Welche Leidenschaft oder welches *Ikigai* motiviert mich so sehr, dass ich ihm mein Leben widmen möchte?

Solange Sie darauf noch keine Antwort haben, können Sie sich an folgenden Ratschlag von Viktor Frankl halten: Wenn Sie nicht wissen, worin Ihre Lebensaufgabe besteht, hier haben Sie eine: sie zu finden.

4. Station – Neue Gewohnheiten

Einundzwanzig Tage, um Ihr Leben zu ändern

Wir werden jetzt für eine Weile nicht mehr aus dem Fenster schauen, sondern unseren Blick auf unseren Alltag richten. Welche Gewohnheiten beherrschen unser Leben? Welche bringen uns unseren Zielen näher, und mit welchen fühlen wir uns wohl? Welche schaden uns und rauben uns Energie?

Es heißt, der Mensch sei ein »Gewohnheitstier«, und tatsächlich sind Gewohnheiten unerlässlich für unser Überleben, da es sich dabei um Mechanismen handelt, die uns helfen, Tätigkeiten zu automatisieren, ohne permanent Entscheidungen treffen zu müssen. Wenn wir über jede Bewegung, die wir im Lauf des Tages ausführen, erst nachdenken müssten, wären wir schnell erschöpft.

Das Glück der Wiederholung

In seinem Roman *Die unerträgliche Leichtigkeit des Seins* schreibt Milan Kundera: »Glück ist der Wunsch nach Wiederholung.« Hierfür lässt sich ein Beispiel aus dem Bereich der Kleiderwahl anführen.

Der junge Facebook-Gründer Mark Zuckerberg hat seinen Bekleidungsstil seit seinem ersten öffentlichen Auftritt nicht verändert. Nach wie vor trägt er stets ein graues T-Shirt und den gleichen Typ Hosen und Schuhe. »Ich möchte mein Leben so einfach wie möglich gestalten«, lautet seine Erklärung, »um so wenig Entscheidungen wie möglich treffen zu müssen – außer solchen, mit denen ich der Gesellschaft am besten dienen kann.«

Diese Art, Dinge zu vereinfachen, ist verwandt mit der Zen-Philosophie, und möglicherweise wurde Zuckerberg ja von der Stilikone Steve Jobs inspiriert, der jahrelang im gleichen Outfit vor Publikum aufgetreten ist: schwarzer Rollkragenpulli, Jeans und weiße Turnschuhe.

Als Steve Jobs von seinem Biografen Walter Isaacson zu seinem stets unveränderten Look befragt wurde, erklärte er, er habe sich in Japan mit Issey Miyake angefreundet, einem renommierten Designer, der auch die Uniform der Mitarbeiter von Sony und vieler anderer Firmen entworfen hatte. Das Apple-Personal wehrte sich zwar strikt gegen Jobs' Idee, für alle seine Angestellten eine von Miyake entworfene Weste fertigen zu lassen, er selbst aber beschloss eines Tages, eine Art Uniform zu tragen, da er dies im Alltag sehr praktisch fand. Mit der Zeit sollte sie zu seiner persönlichen Note werden. Jobs bat den japanischen Designer schlicht und einfach, er möge hundert schwarze Rollkragenpullover in seiner Größe für ihn anfertigen lassen. Als Miyake ihn verwundert fragte, wozu er so viele brauche, antwortete ihm der CEO von Apple: »Ich trage sie täglich. So habe ich genug Pullover bis an mein Lebensende.«

Nicht ganz so radikal kultiviert Barack Obama das Glück der Wiederholung: er trägt fast ausschließlich graue oder blaue Anzüge. Auf seine »Einfallslosigkeit« angesprochen, antwortete er: »Ich will nicht entscheiden müssen, was ich esse oder anziehe, da ich viel zu viele andere Entscheidungen treffen muss.«

Die täglichen Viren

Die Wiederholung nützlicher Dinge, die einem das Leben erleichtern, erzeugt ein Gefühl von Ruhe und Glück. Freilich nehmen wir auch schlechte Gewohnheiten an, die sich wie Viren einnisten, und mitunter gelingt es uns kaum, sie wieder loszuwerden, wenn wir sie nicht ganz bewusst aus unserem inneren Programm löschen.

Gewinnen schlechte Gewohnheiten die Kontrolle über unseren Alltag, kann uns dies unter Umständen aus der Bahn werfen. Ersetzen wir sie dagegen durch gute Gewohnheiten, nimmt der Zug, der uns zur Erfüllung unserer Träume bringt, wieder Fahrt auf. Zugleich machen wir uns geistig frei und werden kreativer. Ein Fahrplan zur Realisierung unserer Vorhaben bringt uns auf jeden Fall weiter.

Der Schriftsteller Haruki Murakami zum Beispiel steht jeden Morgen um vier Uhr auf, um zu schreiben, und verbringt damit die ersten fünf oder sechs Stunden des Tages. Anschließend, gegen neun oder zehn, geht er laufen oder schwimmen. Den Rest seines Tages widmet er je nach Laune dem Spazierengehen, Lesen oder Musikhören.

Das Gesetz der einundzwanzig Tage

Charles Duhigg, Journalist bei der *New York Times*, begann sich für das Thema Gewohnheiten zu interessieren, als er feststellte, dass er täglich um drei Uhr nachmittags Lust auf einen Schokoriegel bekam, obwohl er reichlich zu Mittag gegessen hatte. Im Übrigen plagte ihn Übergewicht. Eigentlich hatte er um drei Uhr gar keinen Hunger. Woher kam dann dieser unwiderstehliche Drang nach dem süßen Riegel? Dem Journalisten zufolge sind Gewohnheiten die unbewussten Optionen und Entscheidungen, die uns tagtäglich begleiten.

Im Zuge seiner Recherchen zum Thema, bei denen er sich mit einer Reihe von Erfolgsgeschichten befasste, stellte er fest, dass beharrliches Wiederholen einer Sache über einen Zeitraum von einundzwanzig Tagen dazu führt, dass sich eine neue, positive Routine etabliert. Am Anfang jeder neuen Gewohnheit steht eine Entscheidung. Nach der einundzwanzigtägigen Wiederholungsphase wird sie zu einem Muster, einem Automatismus.

Wenn wir uns innerlich umprogrammieren wollen, müssen wir zunächst *erkennen, welche Gewohnheit* uns dazu verleitet, etwas zu tun, was nicht gut für uns ist. Duhigg zum Beispiel beobachtete an sich selbst, dass ihn jeden Tag gegen drei Uhr nachmittags Müdigkeit überkam, die er dadurch kompensierte, dass er in die Cafeteria hinunterging und sich einen Schokoriegel kaufte.

Der zweite Schritt besteht darin, *neue Belohnungen auszuprobieren*, die eine neue Gewohnheit einleiten könnten. Im Grunde war das, was der Journalist der *New York Times* brauchte, eine Pause, und der süße Riegel war die Antwort auf sein Bedürfnis. Ohne es zu merken, hatte er ihn fest in seinen Tagesablauf eingebaut. Nachdem ihm dieser Mechanismus bewusst geworden war, ersetzte er die gewohnte »Belohnung« durch eine andere, gesündere: Er verließ seinen Arbeitsplatz und suchte das Büro eines Freundes auf, um sich zehn Minuten mit ihm zu unterhalten.

So gelang es ihm, eine Erholungspause einzulegen, ohne sein Übergewicht durch zusätzliche Kalorien zu belasten.

Um die neue Angewohnheit über besagte einundzwanzig Tage hinweg derart zu festigen, dass sie zur Routine wurde, stellte sich Duhigg einen Wecker auf die Uhrzeit, zu der ihn täglich der Drang nach Süßem packte. Sobald es klingelte, unterbrach er seine Arbeit und verließ sein Büro, um zehn Minuten mit einem gerade verfügbaren Kollegen zu reden. Traf er niemanden an, blieb ihm immer noch die Möglichkeit, einen kleinen Spaziergang zu machen.

Verschiedenen Untersuchungen zufolge sind bis zu vierzig Prozent der Entscheidungen, die wir im Laufe eines Tages treffen, Gewohnheitsentscheidungen. Das Gehirn reproduziert sie immer wieder, einige schon seit Jahren, sie führen also nicht zu durchdachten Handlungen. Wenn wir herausfinden, welche dieser Gewohnheiten uns schaden, sie durch neue, positive ersetzen und uns einundzwanzig Tage lang bemühen, diese neuen Gewohnheiten fest zu installieren, erfährt unser Leben einen geradezu wundersamen Qualitätssprung.

WIE MAN EINE NEUE GEWOHNHEIT ETABLIERT

Die folgende Übung haben wir nach dem Vorbild der Methoden von Charles Duhigg entwickelt. Sie soll es uns ermöglichen, unsere schlechten Gewohnheiten zu »löschen«, damit wir unsere Ziele schneller erreichen können.

Zur Vertiefung des Themas empfehlen wir die Lektüre von Duhiggs Buch *Die Macht der Gewohnheit*.

Wenden wir uns nun der praktischen Übung zu:

Schritt 1: Finden Sie heraus, wie und wann sich eine bestimmte Gewohnheit manifestiert:

- Worin besteht die schlechte Gewohnheit?

  ____

- Um wie viel Uhr macht sie sich täglich bemerkbar?

  ____

- An welchem Ort?

  ____

- Welche Personen sind in der Nähe?

  ____

- Was empfinden Sie in diesem Moment?

  ____

Schritt 2: Finden Sie heraus, worin die Belohnung besteht:

- Inwiefern ist die schlechte Gewohnheit eine Belohnung?

  ____

- Durch welche gesunde Gewohnheit könnten Sie sie ersetzen, um sich ähnlich belohnt zu fühlen?

  ____

Falls wir zum Beispiel die schlechte Angewohnheit haben, nachmittags etwas Süßes zu essen, könnten wir versuchen, diese Lust mit einer Möhre oder Trockenfrüchten zu befriedigen. Sollte uns das nicht genügen, bleibt uns die Option eines kleinen Spaziergangs. Vielleicht hängt der plötzliche Drang nach Süßem einfach mit Langeweile oder innerer Unruhe zusammen. Herausfinden können wir das nur, indem wir verschiedene Ersatzbefriedigungen ausprobieren, bis wir eine entdecken, die uns zufriedenstellt, ohne uns zu schaden.

Schritt 3: Die neue Gewohnheit etablieren

Eine Gewohnheit übergangslos durch eine neue zu ersetzen, ist sehr schwierig. Deshalb muss man sich bei **Schritt 2** bewusst machen, welche Belohnung man erwartet, und einen befriedigenden Ersatz finden, gepaart mit ausreichender Motivation, damit der Wandel auch wirklich gelingt.

Hat man bei **Schritt 1** notiert, wie und wann sich die Gewohnheit manifestiert, und bei **Schritt 2**, wie man sich künftig anders belohnen will, kann man nun dazu übergehen, die neue Gewohnheit zu etablieren, die einem helfen soll, die schlechte zu »löschen«.

- Wenn ich Lust bekomme zu ____________________,
  werde ich stattdessen _________________________,
  weil es mir ____________________ verschafft.

Zum Beispiel: Wenn ich Lust bekomme, *um fünf Uhr nachmittags ein Stück Kuchen zu essen, und mich allein zu Hause langweile,* werde ich stattdessen *spazieren gehen, um mich abzulenken,* weil es mir *Erholung* verschafft *und das Vergnügen, anschließend einen Tee trinken und lesen zu können.*

5. Station – Feedback

Der Blick des anderen als Spiegel

Ob es um die Entwicklung eines neuen Eisenbahntyps geht oder um eine Mondmission, in beiden Fällen gilt eines der Grundprinzipien der technischen Wissenschaften: regelmäßig Feedback einholen. Auch bei unseren eigenen Vorhaben ist die Reaktion anderer Menschen auf unsere Fortschritte von beachtlicher Bedeutung.

Wissenschaftliches Arbeiten basiert unter anderem auf dem Trial-and-error-Prinzip, dem Prinzip von Versuch und Irrtum. Man probiert verschiedene Möglichkeiten aus, wie einst Edison auf der Suche nach einem geeigneten Glühfaden für seine Glühbirne, und jedes Misslingen führt zu neuen Alternativen, so lange, bis es zur »Erleuchtung« kommt.

Dies trifft genauso auf unseren Lebensentwurf zu. Wir können jeden Bereich unserer Existenz – Beziehungen, berufliche Entwicklung, Finanzen, intellektuelles Leben – einer Prüfung unterziehen und jeden einzelnen gemäß unserer Zufriedenheit auf einer Skala von 1 bis 10 bewerten.

In den Bereichen mit niedriger Punktezahl müssen wir Verbesserungen und Korrekturen vornehmen, höchstwahrscheinlich in Form neuer Gewohnheiten, wie im vorigen Kapitel zu lesen war.

Bitten Sie andere um negatives Feedback

Wenn Elon Musk, von dem wir schon in einem vorangegangenen Kapitel gesprochen haben, gefragt wurde, was denn sein Erfolgsgeheimnis sei, antwortete er: »Achte auf die Meinung anderer …, besonders auf das negative Feedback deiner Familie und deiner Freunde.«

Feedback zu bekommen oder zu geben ist nicht immer einfach, da unsere Gefühle uns täuschen können. Sind Sie fähig, einem Freund ins Gesicht zu sagen, was er Ihrer Meinung nach falsch macht? Können Sie negative Kritik an einer Arbeit einstecken, an der Sie Monate gesessen haben?

Erteilen Sie keine Ratschläge, wenn Sie nicht darum gebeten werden

Wenn wir sehen, dass im Leben eines anderen Menschen etwas schiefläuft, geraten wir leicht in die Versuchung, unsere Meinung abzugeben. In den meisten Fällen löst unser Vorstoß jedoch bei dem Betreffenden in erster Linie Stress aus, denn hätte er unseren Rat gewollt, hätte er uns darum gebeten.

Zudem kann unser Feedback leicht als Kritik verstanden werden, auf die der andere verständlicherweise mit Abwehr reagiert und über die er sich womöglich ärgert.

Schon vor einem Jahrhundert wies Dale Carnegie darauf hin, dass Kritik nur sehr selten willkommen ist, da sie den Betreffenden in seiner Selbstachtung verletzt. Er war der Ansicht, dass man andere weit besser unterstützt, indem man hervorhebt, was sie gut machen.

In Fällen, wo Kritik unumgänglich ist, weil wir Verantwortung gegenüber jemandem – einem Angestellten, einem Schüler, einem eigenen Kind – haben, sollten wir den anderen zunächst mittels Lob, durch das er sich geschätzt und geachtet fühlt, darauf vorbereiten.

Man schätzt sogar, dass pro Kritik fünf positive Kommentare nötig sind, damit eine Beziehung keinen Schaden nimmt.

Auf negatives Feedback reagieren wir instinktiv mit Flucht, da es uns schwerfällt, Kritik anzunehmen. Nur wenige Menschen setzen sich eingehender mit den kritischen Beurteilungen anderer auseinander.

Natürlich gibt es auch die boshafte, durch Neid ausgelöste Kritik. Wenn uns aber mehrere Personen auf ein und denselben verbesserungswürdigen Aspekt hinweisen, lohnt es sich durchaus, diesem Hinweis nachzugehen und die vermutlich notwendigen Änderungen vorzunehmen.

Wollen wir uns gezielt in einer Sache verbessern, kann es sogar sehr hilfreich sein, ganz bewusst negatives Feedback einzuholen. Wir sollten dafür allerdings die richtigen Personen wählen, solche, von denen wir wissen, dass sie ehrlich sein werden und sich nicht verpflichtet fühlen, uns zu loben.

Die beste Methode, um nützliches Feedback zu erhalten, ist die, *gezielt um Rat zu bitten.* Auf eine Frage vom Typ »Wie fandest du meine letzte Fotoausstellung?« bekommen Sie mit Sicherheit Standardantworten wie »Ich liebe deine Fotos« oder »Wunderbar«.

Solche Antworten bringen Ihnen nichts. Fragen Sie dagegen konkret: »Welches der zwanzig Fotos der Ausstellung hast du am langweiligsten gefunden?«, erhalten Sie mit Sicherheit präzisere Antworten. So wissen Sie, was Sie beim nächsten Mal besser machen sollten, vor allem wenn Sie auch nach dem *Warum* fragen und sich die Erklärung aufmerksam anhören.

Falls Sie das Gefühl haben, der Befragte kann Ihnen mit seinem Feedback weiterhelfen, bohren Sie nach: »Und warum glaubst du, dass es langweilig ist?«

Gutes Feedback ermöglicht es uns, bei dem, was wir mit Leidenschaft betreiben, unserem *Ikigai*, deutlich schneller voranzukommen. Ohne Feedback laufen wir Gefahr, auf dem Meer der Möglichkeiten, auf dem der Kompass uns jeden Morgen einen anderen Kurs anzeigt, die Orientierung zu verlieren.

»Eine goldene Regel der Ethik:
Denk einen Moment darüber nach, ob du lieber Lob bekommst, das du nicht verdienst, oder kein Lob bekommst, aber jemand bist, der es verdient.«

Nassim Nicholas Taleb

Hier einige Anregungen, wie Sie nützliches Feedback erhalten können, um davon ausgehend ein besseres Leben zu führen und Ihren Zielen näher zu kommen:

- Bitten Sie Menschen um Feedback, die Sie bewundern und die mehr über das fragliche Thema wissen als Sie.
- Ignorieren Sie Kritik von Menschen, die Sie nicht kennen und die weniger über das fragliche Thema wissen als Sie.

- Bringen Sie Ihre Bitte so vor, dass der Betreffende sich geehrt fühlt, wenn er Ihnen Feedback gibt. Glauben Sie den Menschen, die Ihnen helfen wollen.
- Stellen Sie folgende drei Fragen, um konkreteres Feedback zu einer Tätigkeit oder einem Projekt zu erhalten:

  a) Könntest du mir sagen, was dir am wenigsten daran gefällt? Ich werde mich auch nicht darüber ärgern.

  b) Was gefällt dir am meisten?

  c) Und warum gefällt es dir?

  Wenn der Befragte Ihnen nicht genau sagen kann, warum, vergessen Sie sein Feedback. Es wird Ihnen nichts nützen.

DIE AWA-METHODE: AUFHÖREN, WEITERMACHEN, ANFANGEN

Laut Phil Daniels, Psychologie-Professor an der Brigham Young University, eignen sich die folgenden drei Fragen sehr gut zum Einholen von Feedback.

Sie sollen der Person, die Ihnen ihren Rat anbietet, die Angst davor nehmen, eine Beurteilung abzugeben.

Die erste Frage ist durchaus subtil, da man mit ihr nicht direkt, sondern auf Umwegen in Erfahrung zu bringen versucht, was man schlecht oder falsch macht:

1. Womit sollte ich *aufhören*?

   ____

   ____

2. Womit sollte ich *weitermachen*?

____

____

3. Womit sollte ich *anfangen*?

____

____

Die Antworten, die Sie auf diese drei Fragen bekommen, können Ihnen in allen Lebensbereichen – Arbeit, persönliche Beziehungen, Hobbys, Kunst, geschäftliche Unternehmungen ... – zu rascheren Verbesserungen verhelfen. Es gibt keinen kürzeren Weg zum Erfolg, als auf negatives Feedback zu hören.

6. Station – Senpai

Holen Sie einen Mentor (oder mehrere) in Ihr Leben

Auf unserer Reise werden wir nach und nach die einzelnen Methoden, die wir an den vorangegangenen Stationen kennengelernt haben, miteinander verknüpfen. Im vorliegenden Kapitel wollen wir die Zehntausend-Stunden-Regel mit dem soeben behandelten Thema verbinden.

Wenn wir uns zwar jeden Tag ans Klavier setzen, aber immer nur unser Lieblingslied spielen, von dem wir schon wissen, dass wir es gut hinkriegen, wird der Hochgeschwindigkeitszug unseres Talents nie richtig Fahrt aufnehmen.

Um beim Üben, egal in welcher Disziplin, größtmögliche Fortschritte zu erzielen, müssen wir uns in Bereiche vorwagen, die außerhalb unserer Komfortzone liegen.

Wenn wir immer nur die leichte Skipiste herunterfahren, werden wir es niemals schaffen, an den Olympischen Winterspielen teilzunehmen.

Bei der Überwindung der Ängste und Schwierigkeiten, die uns jenseits unserer Komfortzone begegnen, kann uns kontinuierliches, kompetentes Feedback – Ericcson nennt es *deliberate practice* – äußerst nützlich sein.

Einfacher ausgedrückt: Wir brauchen einen Lehrer/Mentor/Coach, der uns durch Supervision und Ratschläge hilft, zum anderen Ufer überzusetzen.

Die Beziehung zwischen *Senpai* und *Kohai*

In Japan wird einem Berufsanfänger, der gerade seinen Abschluss gemacht hat und seine erste Stelle in einer Firma antritt, stets ein *Senpai* zugeteilt, welcher die Aufgabe hat, ihn anzuleiten. *Senpai* bedeutet nicht unbedingt Chef, man würde es eher mit »Mentor« übersetzen.

Die Mission eines Senpai besteht darin, dem neuen Angestellten – dem *Kohai* – seine in jahrelanger Arbeit erworbenen Kenntnisse und Fähigkeiten zu vermitteln.

Für die Weitergabe von Wissen ist die Beziehung zwischen *Senpai* und *Kohai* von grundlegender Bedeutung und hat zudem wesentlichen Anteil am technologischen und industriellen Fortschritt Japans.

Könnten Sie sich vorstellen, der *Kohai* eines Ingenieurs zu sein, der seit dreißig Jahren bei Toyota Motoren entwickelt? Würden Sie ein Jahr lang mit ihm arbeiten, hätten Sie am Ende sicher mehr über Motoren gelernt als in all Ihren Bachelor- und Masterstudiengängen an der Universität.

Die tägliche »Senpai«-Universität

»Als ich anfing, in Japan zu arbeiten, wunderte ich mich, dass die Berufsanfänger in unserer Firma, verglichen mit Ingenieuren, die an ausländischen Universitäten studiert hatten, so geringe Vorkenntnisse besaßen. Manche wussten nicht einmal, was HTML ist, eine Programmiersprache zur Entwicklung von Websites.

Mit der Zeit aber merkte ich, dass sie sich, obwohl sie fast bei null angefangen hatten, dank ihrer Fähigkeit, auf ihren *Senpai* zu hören und dem von ihm gewiesenen Weg zu folgen, im Laufe der Jahre zu hervorragenden Spezialisten entwickelten, die all meine bisherigen Vorstellungen übertrafen.«

Héctor

Wer ist Ihr Mentor?

Liest oder hört man von sogenannten Genies, kommt es einem manchmal so vor, als wären sie mit einer ganz besonderen Gabe zur Welt gekommen und plötzlich, wie durch ein Wunder, zu Cracks auf ihrem Gebiet geworden. Doch fast hinter jedem genialen Menschen stand ein Meister oder Mentor, der ihn angeleitet hat.

Mozarts Vater unterrichtete seinen Sohn seit dessen frühester Kindheit, weshalb der angehende Musiker schon als Zehnjähriger mehr als zehntausend Stunden *deliberate practice* unter väterlicher Aufsicht hinter sich hatte.

Der erste Mentor von Albert Einstein war Max Talmey, ein Augenarzt, der einmal die Woche bei den Einsteins zum Essen eingeladen war und dem kleinen Albert viele wissenschaftliche Bücher schenkte.

Genies werden nicht geboren, sondern gemacht. Auch Sie könnten ein Genie werden, wenn Sie sich, ganz gleich in welchem Alter, den richtigen Mentor wählen, dem es gelingt, alles aus Ihnen herauszuholen.

»Satori-Klavier«

»Als ich meine Kunsttherapie zu entwickeln begann, überlegte ich, ob es womöglich Auslöser gibt, die der Kreativität eines Menschen schlagartig zum Ausbruch verhelfen, ähnlich wie beim Entkorken einer Sektflasche. Ich hatte damals bereits die Wirkung spontanen Schreibens bei Kursteilnehmern erprobt, die sich als blockiert bezeichneten, dann aber im Verlauf des Kurses sehr gelungene Texte zu Papier brachten. Ähnliches erlebt man in der bildenden Kunst, wenn jemand sich Spontaneität erlaubt. Sobald ein Mensch das permanente Analysieren und die Selbstkritik abstellt, ist er zu den tollsten Dingen fähig.

Dass dies auch beim Klavierspielen funktionieren könnte, was allen, die noch nie mit dem Instrument in Berührung gekommen sind, unerreichbar erscheint, erschien wie eine geradezu absurde Vermutung. Um gegen das bestehende Vorurteil anzugehen, erfand ich das *Satori-Klavier* (*Satori* bedeutet im Zen-Buddhismus ›plötzliche Erleuchtung‹). Dabei wandte ich eine vereinfachte Methode des Klavierlehrers Antonio Ortuño an.

Ich hatte die Idee, jeder Schüler sollte in der ersten Unterrichtsstunde, also in weniger als einer Zeitstunde, lernen, beidhändig ein kurzes Klavierstück zu spielen, und in der vierten oder fünften Stunde eine einfache Version von Pachelbels Kanon. Ich animierte sie dazu, etwas ohne irgendwelche Noten zu spielen, baute ab und zu kleine Schwierigkeiten ein, und dadurch wurden sie, ohne es zu merken, besser.

Zu meiner Überraschung schafften es praktisch alle *Satori-Klavier*-Schüler von Anfang an, beidhändig zu spielen, und nach einem Monat spielten sie bereits die Lieder, die ihnen gefielen.

Der Sinn und Zweck dieses Experiments lag jedoch nicht in der Entdeckung großer Pianisten, obwohl sich zeigte, dass einer meiner Schüler durchaus das Zeug dazu hatte. Vielmehr ging es dabei um den besonderen psychologischen Nutzen: In dem Augenblick, in dem jemand sich selbst beweist, dass er fähig ist, etwas zu tun, was ihm noch vor einer Stunde unmöglich erschienen ist, setzt bei ihm auf allen Ebenen ein elementarer Wandel ein. Alle ›Unmöglichkeiten‹ werden hinterfragt, und der Betreffende stellt sich der nächsten Herausforderung mit größerer Selbstverständlichkeit, egal in welchem Lebensbereich.

Unsere unbewusste Schlussfolgerung könnte zum Beispiel lauten: *Wenn ich jetzt beidhändig Klavier spiele, obwohl ich mir das vorher nicht mal im Traum hätte vorstellen können, wieso sollte ich dann nicht auch dazu fähig sein, mit dem Rauchen aufzuhören, was viel einfacher ist?«*

Francesc

Ein guter Mentor kann Sie dazu bringen, in jeder Übungsstunde das Maximum aus sich selbst herauszuholen, da er dafür sorgen wird, dass Sie stets gefordert und hoch konzentriert sind. Auch im persönlichen Bereich kann die Wahl eines guten *Senpai* uns helfen, im Sinne des »Shinkansen-Effekts« einen großen Sprung nach vorn zu machen und stärker im Einklang mit unserem *Ikigai* zu leben, denn er wird uns stets zeigen, wo und wann wir uns von diesem entfernen.

Ein *Senpai* kann ein fachlicher Experte, ein Therapeut, ein Coach oder ein Berater sein. Aber auch ein Freund, der unsere Leidenschaft teilt, ist unter Umständen von großer Hilfe, eventuell kann man sich sogar gegenseitig coachen.

Methoden des Eigencoachings

Solange Sie noch auf der Suche nach einem geeigneten Mentor sind, werden Sie kreativ, und holen Sie sich bei Ihrer gegenwärtigen Tätigkeit Feedback anderer Art:

- In allen möglichen Sportarten stehen elektronische Geräte zur Verfügung, mit denen Sie Ihren Fortschritt messen können.
- YouTube eignet sich hervorragend, um Personen zu beobachten, die dasselbe machen wie Sie, aber besser.
- Falls es in Ihrer Disziplin jemanden gibt, den Sie bewundern, lesen Sie Interviews mit ihm, und machen Sie sich Notizen. Befassen Sie sich mit allem, was dieser Mensch produziert hat, und nehmen Sie es als Ausgangspunkt für Eigenes.
- Registrieren Sie sich bei Internetforen zu Ihrem Thema, erzählen Sie, was Sie so machen, und stellen Sie Ihre Fragen. Sie werden schnell merken, wer in einem Forum besonders viel Ahnung hat. Versuchen Sie, sich mit dieser Person auszutauschen, und bitten Sie sie um Rat.

- Falls Sie zum Beispiel Ihre Fähigkeiten als Übersetzer verbessern wollen, üben Sie anhand eines Auszugs aus Ihrem Lieblingsroman. Vergleichen Sie Ihre Übersetzung mit der bereits existierenden. Analysieren Sie Letztere Satz für Satz. Warum hat die Übersetzerin dieses oder jenes Wort gewählt und Sie ein anderes?
- Lesen Sie Bücher und Biografien von Menschen, die erreicht haben, was Sie erreichen wollen.

MUSTERBEISPIEL EINER »DELIBERATE PRACTICE«-STUNDE

1. Ziel festlegen, schauen und beobachten

Legen Sie das Ziel der Sitzung fest. Handelt es sich um etwas völlig Neues, befassen Sie sich zunächst mit der Arbeit von Experten, und schauen Sie sich deren Werke genau an. Sind sie besser als Ihre? Warum?

____

____

____

2. Praxis-Stunde

Konzentrieren Sie sich in der Praxis ausschließlich auf das, was Sie gerade machen.

Zur Förderung Ihrer Konzentration können Sie die Pomodoro-Technik anwenden, die wir dann in Kapitel 12 vorstellen werden.

Falls Sie eine Tätigkeit üben, bei der Sie körperliche Bewegungen verbessern müssen, nehmen Sie sich auf Video auf.

____

____

____

3. Eigenfeedback

Ziehen Sie im Anschluss an die praktische Übung ein Fazit. Wie war die heutige Stunde? Wie haben Sie sich gefühlt? Glücklich? Gelangweilt? Unkonzentriert?

____

____

____

Mit welcher Zahl zwischen 0 (*leicht*) und 5 (*schwer*) würden Sie die Stunde bewerten? ___________

Falls sie zu leicht war, nehmen Sie sich für die nächste Stunde etwas Schwierigeres vor.

4. Fehler erkennen, um sie zu korrigieren

Worin habe ich mich wiederholt geirrt? An welcher Stelle tauchten die meisten Probleme auf? Was muss ich besser machen?

____

____

____

Falls Sie alles fehlerfrei hinbekommen haben, sind die Anforderungen zu niedrig. So machen Sie keine Fortschritte.

5. Notieren Sie alle Fragen, die während der Stunde aufgetaucht sind

Entscheiden Sie zunächst, wo oder wem Sie sie stellen werden, ob Sie ein Internetforum, die sozialen Netzwerke, einen Spezialisten oder einen Freund, der dasselbe macht wie Sie, zurate ziehen wollen.

Notieren Sie Ihre Fragen und die Antworten, die Sie bekommen haben:

____

____

____

6. Folgendes sollte in den nächsten Stunden verbessert werden:

____

____

____

7. Station – Nacheifern

Entdecken, nachahmen, übertreffen

Zu Beginn dieses Buchs haben wir von der legendären Entwicklung des japanischen Geschosszuges gesprochen, doch kaum einer weiß, dass der Erfinder der ersten Lokomotive Richard Trevithick hieß.

Der britische Ingenieur baute die neue Wundermaschine im Jahr 1802 in einem Eisenwerk in Wales. Ein Jahr später verkaufte er das Patent an Samuel Homfray, den Besitzer des Werks. Der war von der Leistung der Maschine so beeindruckt, dass er mit einem anderen Eisenwerkbesitzer wettete, die Lokomotive könne zehn Tonnen Eisen auf Schienen bis nach Abercynon ziehen, über eine Entfernung von 15,7 Kilometern.

Von großen Erwartungen begleitet, zog die Lokomotive am 21. Februar 1804 zehn Tonnen Eisen, fünf Waggons und siebzig Männer in einem Tempo von weniger als 4 km/h (ohne Last soll die Maschine 25 km/h erreicht haben) bis ans Ziel. Für die zurückgelegte Strecke benötigte die erste Dampflokomotive der Geschichte vier Stunden und fünf Minuten.

Alles hat seinen Anfang, und *unsere Fähigkeit, Bestehendes zu verbessern, ist praktisch grenzenlos.* Dies gilt auch bei jedem beliebigen persönlichen Projekt, mag es uns noch so klein und unbedeutend erscheinen.

Nachahmen, um besser zu werden

Benjamin Franklin, mit dem wir uns in einem der nächsten Kapitel intensiver befassen werden, widmete sich einer kuriosen intellektuellen Übung: Er las einen Zeitschriftenartikel und versuchte ein paar Tage später, alles aufzuschreiben, woran er sich erinnerte. Dann verglich er seinen eigenen Text mit dem Original.

Im Grunde hat diese Lernmethode nichts Außergewöhnliches an sich. Große Maler haben häufig zunächst die Künstler kopiert, die sie bewunderten, und ihr Werk anschließend mit dem Original verglichen.

Zehn Dinge, die Ihnen niemand über Kreativität gesagt hat

Austin Kleon beschreibt in seinem Buch *Alles nur geklaut (engl. Steal Like an Artist)* zehn verblüffende Wege der Umsetzung eigener Projekte. Beim ersten geht es genau wie im Beispiel von Franklin darum zu versuchen, ein Vorbild zu imitieren und zu übertreffen:

1. **Das Beste ist geklaut.** Dies ist kein Plädoyer für Plagiate, sondern eine Aufforderung, bewundernswerte Beispiele, egal ob Werke oder Personen, als Ausgangspunkt für die eigenen Projekte zu nehmen.

2. **Warte nicht erst, bis du weißt, wer du bist.** Fangen Sie jetzt an, egal womit. Unterwegs werden Sie Ihre Identität, Ihr Talent, Ihr *Ikigai* entdecken.

3. **Schreib das Buch, das du selbst lesen möchtest.** Was bisher noch nicht geschaffen wurde und was Sie vermisst haben, kann zu Ihrer Lebensaufgabe werden.

4. **Benutze deine Hände.** Wir müssen uns von den Bildschirmen lösen, um wieder unsere besten Werkzeuge einzusetzen. Computer haben uns das Gefühl genommen, »dass eigentlich wir es sind, die die Dinge schaffen«, behauptet Kleon. »Wir müssen uns bewegen, um zu spüren, dass wir etwas mit unserem Körper machen und nicht nur mit unseren Köpfen.«

5. **Du brauchst Hobbys und Nebenprojekte.** Steckenpferde machen uns glücklich und können überdies zu Projekten führen, die unser Leben und das der anderen verändern.

6. **Das Geheimnis: Mach gute Arbeit und teile sie mit anderen.** Wenn Sie anderen Leuten Ihre Werke zeigen und ihnen auch Ihre Gedanken mitteilen, kann deren Feedback Sie auf gute Ideen bringen.

7. **Geografie ist kein Hindernis mehr.** Laut Kleon führt Reisen dazu, dass wir die Welt mit anderen Augen sehen und »unser Hirn stärker arbeitet«.

8. **Sei nett. (Die Welt ist ein Dorf.)** Anstatt sich mit anderen zu streiten, kanalisieren Sie Ihre Energie in ein kreatives Projekt.

9. **Sei langweilig. (Nur so kommst du mit deiner Arbeit voran.)** Nach dem »kreativen Rausch« brauchen Sie, wie wir gesehen haben, Routine und Ausdauer, um Ihre »große Idee« umzusetzen und auszubauen.

10. **Kreativität heißt Beschränkung.** Um sich vor der allgemeinen Informationsflut zu schützen, sollten Sie den Blick auf das Wesentliche an Ihrer Arbeit richten und alles andere außen vor lassen.

Kopieren ist in Japan nicht negativ konnotiert wie im Westen, vorausgesetzt, der, der es tut, adaptiert oder verbessert das Kopierte.

Im Grunde sind die Ukiyo-e-Drucke, auch der berühmte Holzschnitt mit der großen Welle vor dem im Hintergrund aufragenden Fuji, nur Kopien eines Originals. Die Vorlagen sind eher bedeutungslos, wirklich wertvoll sind die Reproduktionen.

Viele japanische Wörter für »nachahmen« sind mit dem Begriff der »Spiegelung« verwandt, und die Spiegelung einer Sache kann hierbei durchaus schöner sein als das Original.

Der Wert des Vergänglichen

In der westlichen Welt lernt man schon in der Schule, dass der Wert eines Werks mit seinem Alter steigt. Eine vor vierhundert Jahren errichtete Kirche wird in den Reiseführern erwähnt, während eine, die im Krieg zerstört und vor fünfzig Jahren wiederaufgebaut wurde, vermutlich keine Beachtung findet.

In Japan hingegen kommt es auf die Schönheit des Objekts an und nicht so sehr darauf, ob es sich dabei um eine Kopie oder Rekonstruktion des Originals handelt. Selbst die japanische Erziehung basiert auf der Wiederholung von *Katas*, bestimmten Mustern, die übend kopiert werden.

Das Heiligtum von Ise, das als das weltweit bedeutendstes Heiligtum des Shintoismus gilt, wird alle zwanzig Jahre abgerissen und »genau wie vorher« wieder aufgebaut. An diese Tradition halten sich die Japaner seit dem Jahr 690. De facto wurde der Schrein von Ise über sechzigmal neu errichtet, wobei man stets das gleiche architektonische Modell »kopierte«.

Der shintoistischen Philosophie zufolge trägt dieses Ritual dazu bei, die Frische und Reinheit des Ortes zu bewahren. Der regelmäßige Wiederaufbau des Heiligtums von Ise genießt indes in den Reiseführern keine Wertschätzung und ebenso wenig bei der UNESCO-Welterbe-Kommission. Die Bedeutung des Flüchtigen versteht man dort nicht.

Durch Symbiose Neues schaffen

Bis zum vierten Jahrhundert war das Japanische eine schriftlose Sprache. Statt ein eigenes Schriftsystem zu entwickeln, kopierten die Japaner die auf den *Hanzi* basierende chinesische Schrift. Natürlich ließen sich die *Hanzi* nicht vollkommen der japanischen Sprache anpassen, weshalb man sie abwandeln musste und die Schriftzeichen entstanden, die heute als *Kanji* bekannt sind. Man entwickelte zudem zwei weitere Schriftsysteme: die *Hiragana* und die *Katakana*.

Die Japaner »schufen« ihre Schriftsprache also, indem sie etwas bereits Bestehendes übernahmen und ihren Bedürfnissen anpassten. Dasselbe geschah mit dem Geschosszug, der während der Olympischen Spiele in Tokio die Welt in Staunen versetzte.

In diesem Zusammenhang ist auch die Entstehung des Mangas erwähnenswert. Als dessen Erfinder gilt Osamu Tezuka, von dem bereits in unserem Buch *Ikigai* die Rede war. Bei der Entwicklung seines Stils orientierte sich dieser an den Disney-Zeichentrickfilmen, den amerikanischen Comics und an Zeichnungen in traditionellen japanischen Werken.

Aus diesen drei Zutaten mixte er nicht nur einen neuen Comictyp, sondern viel mehr als das, ein ganz neues Genre namens Manga.

Den Manga als Kunstform könnte man im Zentrum eines aus Comic, Trickfilm und Roman bestehenden Dreiecks ansiedeln. Auch Tezuka hat sich also von Bestehendem inspirieren lassen und das, was er im Ausland gesehen hatte, der Denkart und Kunst seines Landes angepasst.

Bestehendes verbessern

Dass die Japaner in puncto Nachahmung und Verbesserung besonders schnell sind, ist bekannt. Wenn sie eine neue, funktionierende Geschäftsidee in den USA entdecken, kopieren sie sie umgehend.

Als Starbucks seine ersten Lokale in Japan eröffnete, musste die Firma feststellen, dass es dort schon mehrere Dutzend Kaffeehäuser gleichen Stils gab. Die Ladenkette war schlicht und einfach imitiert worden. Und als 7-Eleven begann, Japan mit seinen rund um die Uhr geöffneten Läden zu überfluten, kopierten die Japaner nicht nur das

Geschäftsmodell, sondern kauften 7-Eleven gleich ganz auf. Heute ist es eine japanische Firma.

Nach der Übernahme führten die Japaner Verbesserungen ein und überzogen die Vereinigten Staaten mit weiteren Geschäften und japanischen Waren.

Seit einiger Zeit exportieren spanische Firmen mit Erfolg Schinken, und im Ausland bieten inzwischen viele Restaurants Gerichte mit Serrano-Schinken an. Nach und nach fand das *iberiko buta* (イベリコ豚, »iberisches Schwein«) auch Eingang in traditionelle japanische Rezepte.

Dann geschah das Unvermeidliche: Wie nicht anders zu erwarten, konnte man auch im Land selbst produziertes *iberiko buta* kaufen. Heute wird es in jedem Supermarkt angeboten, billiger als spanischer Schinken. Ein Blick auf das Etikett zeigt, dass der Schinken tatsächlich aus Japan stammt, und zwar von Schweinen von der Insel Hokkaido, die mit *beriota* gefüttert wurden (sogar das spanische Wort »bellota« – Eichel – wurde importiert).

Sollte dem Schinken das gleiche Schicksal blühen wie dem Whisky, haben die spanischen Firmen bald allen Grund, sich Sorgen zu machen. Denn vor einigen Jahren wurde, nachdem die Japaner die Destillationsverfahren der besten schottischen Whisky-Brennereien kopiert hatten, der Yamazaki Single Malt Sherry Cask von britischen Experten zum besten Whisky der Welt gekürt.

EIN SPRUNGBRETT, UM SICH SELBST ZU ÜBERTREFFEN

Wählen Sie ein Werk aus, das Sie besonders bewundern und das etwas mit Ihren eigenen Fähigkeiten zu tun hat, zum Beispiel mit Schreiben, Musik, Malen und Zeichnen oder – warum nicht? – mit Kochen.

Angenommen, es handelt sich um einen Roman, und Ihnen liegt das Schreiben.

Sie könnten nun folgendermaßen vorgehen:

1. Befassen Sie sich genauer mit dem letzten Roman, der Sie beeindruckt hat.

Machen Sie sich Notizen zu den besonders wirkungsvollen Elementen (zum Beispiel überraschende Dialoge, schöne Beschreibungen, bestimmte Wendungen in der Geschichte).

____

____

____

2. Finden Sie die Schwächen.

Auch bei Meisterwerken gibt es Dinge, die nach unserem Geschmack verbessert werden könnten (zum Beispiel langatmige Romanabschnitte, ungeschickte Überleitungskapitel oder ein nicht unbedingt stimmiges Ende). Notieren Sie alles, was Ihnen auffällt.

____

____

____

3. »Importieren« Sie Verbesserungen aus anderen Werken.

Suchen Sie sich Werke heraus, die diese Schwächen nicht haben, und setzen Sie deren Stärken mit auf die Liste der Eigenschaften, die Ihrer Meinung nach den idealen Roman auszeichnen.

____

____

____

4. Fangen Sie an, einen Roman zu schreiben, der all diese guten Eigenschaften besitzt.

Nachdem Sie die Stärken der von Ihnen ausgewählten Romane aufgelistet haben, nehmen Sie sie als Leitfaden für Ihr eigenes Projekt.

____

____

____

Natürlich kann es sein, dass Sie nicht auf Anhieb ein großes Werk auf die Beine stellen, aber Sie verfügen jetzt über eine gute Arbeitsanleitung, und vielleicht übertreffen Sie eines Tages sogar das Original oder – noch besser – schaffen auf der Basis dieser Symbiose etwas völlig Neues, das wiederum andere inspiriert.

Viele Künstler, die anfangs andere nachgeahmt haben, wurden irgendwann selbst kopiert.

8. Station – Ihr Element

Durch das, was einem missfällt, zu dem gelangen, was einem gefällt

In unserem Buch *Ikigai* haben wir davon gesprochen, wie wichtig es ist, eine Tätigkeit zu finden, die man mit Begeisterung ausübt, die es einem erlaubt, im Flow zu sein und sich überdies für andere nützlich zu fühlen.

In der heutigen Zeit mit ihrer Reizüberflutung, ihren Dringlichkeiten und Verpflichtungen ist es freilich gar nicht so einfach herauszufinden, welcher Sache man sich intensiv widmen möchte. Und doch müssen wir, bevor wir unseren Geschosszug starten können, unbedingt wissen, wohin die Reise gehen soll.

Vielleicht erklärt diese Schwierigkeit, warum so viele Menschen trotz großartiger Fähigkeiten eine apathische Existenz führen, ohne Kreativität, ohne Suche nach einem Lebensziel.

Wie können sie wieder Leidenschaft in sich wecken?

Unser Platz im Universum

Nach der Kindergartenphase leistet das Bildungssystem nicht nur wenig, um die Kreativität der Schüler zu fördern, zuweilen tötet die Schule sogar die kindliche Fantasie. Will man Kindern Kunst näherbringen und ihre schöpferischen Kräfte stimulieren, muss man sie bei außerschulischen Kursen anmelden, was für viele Eltern eine finanzielle Belastung und für die Kinder zusätzliche Arbeit bedeutet.

In England wurde 1998 unter der Leitung von Ken Robinson eine »Kommission für Kreativität, Bildung und Wirtschaft« gegründet, was dazu beitrug, dass sich nicht nur in Großbritannien, sondern weltweit die Einstellung zur schulischen Bildung geändert hat.

Sir Ken Robinson stand dem Bildungssystem sehr kritisch gegenüber, da er sich selbst als eines seiner Opfer sah. Er bedauerte, dass den Menschen weder in der Grundschule noch im Gymnasium, noch an der Universität die Möglichkeit geboten werde, ihre Talente zu entfalten und zu entdecken, was sie eigentlich im Leben machen wollen.

Seine Definition vom eigenen »Element« deckt sich in vielem mit den Komponenten der zu Beginn unseres Buches *Ikigai* abgebildeten Grafik, in der Leidenschaft und Lebensaufgabe zusammenfallen.

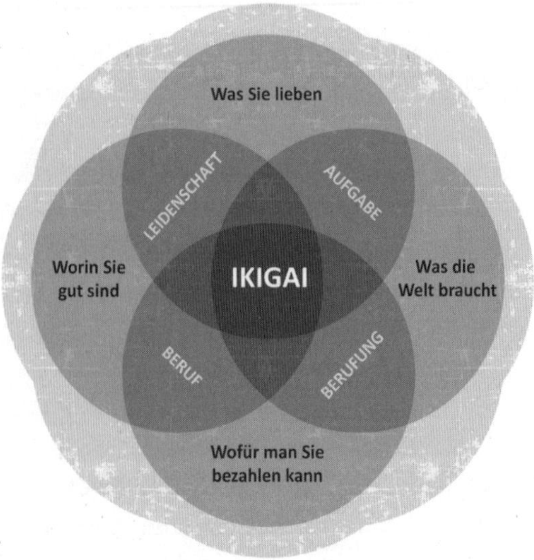

Nach Robinsons Definition ist das »Element« der Ort, »an dem das, was wir gerne tun, und das, was wir gut können, zusammenkommen. Ich halte es für unbedingt notwendig«, schreibt er, »dass jeder sein ›Element‹ findet – nicht nur weil jeder Einzelne dann ein erfüllteres Leben hat, sondern weil in einer bewegten Welt wie der unseren die Zukunft der Gemeinwesen und Institutionen darauf angewiesen ist.«

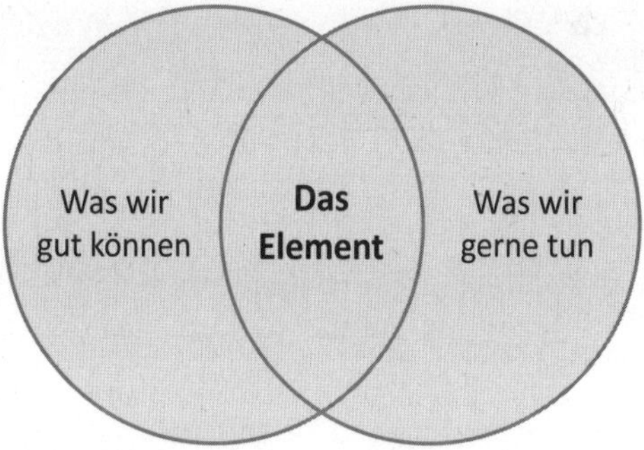

Die Suche nach dem Ort im Universum, der uns gehört, ist keine leichte Aufgabe. Häufig stoßen wir dabei auf Hindernisse, kapitulieren vor unseren eigenen Ängsten und Unsicherheiten, aber auch vor der Gesellschaft, die oftmals gerade die mutigen Menschen in ihre Schranken verweist und Andersdenkende bestraft.

Der nahe Horizont

In seinem Buch *In meinem Element* zeigt Robinson eine Reihe von Möglichkeiten auf, wie wir die für uns geeignete Arbeit finden und mit unserem Talent zu einer kreativeren Gesellschaft beitragen können:

- Überwinden Sie Ihre Bescheidenheit und Ihre Unsicherheiten, und finden Sie heraus, welche Fächer oder Arbeitsbereiche Ihnen wirklich liegen.
- Werden Sie ein selbstsicherer, verantwortungsbewusster Mensch, der in der Lage ist, zu seinen Fähigkeiten zu stehen und sie auszubauen.
- Finden Sie heraus, was Ihnen morgens hilft aufzustehen, was Sie motiviert.
- Überlegen Sie, welcher Teil von dem, was Sie begeistert, Ihnen besonderen Spaß macht. Zum Beispiel ist es nicht dasselbe, ob man segelt oder ein Schiff baut.

Wenn Sie Ihrem Element auf die Spur gekommen sind, wenn Sie wissen, wo es liegt, brauchen Sie sich nur noch auf den Weg zu machen und das Abenteuer zu genießen.

Wir alle kennen Leute, die mit ihrer Tätigkeit so glücklich sind, dass sie das Arbeiten genauso genießen wie den Urlaub, unabhängig davon, ob es sich um einen Feuerwehrmann, eine Lehrerin oder einen Datenanalytiker handelt. Entscheidend ist, dass sie ihr Element gefunden haben und mit ihrer Arbeit dazu beitragen, unseren Planeten freundlicher und schöpferischer zu machen.

Das kann jeder erreichen. »Deine Suche«, schreibt Robinson, »wird vermutlich begleitet werden von Herausforderungen und Belohnungen. Obwohl niemand vor dir dein Leben gelebt hat, können die vielen anderen Menschen, die sich schon vor dir auf den Weg gemacht haben, dich leiten. Letztendlich aber weißt nur du allein, ob du angekommen bist oder ob du dich zum nächsten Horizont aufmachen musst, ob du dein Element gefunden hast oder ob du es noch suchst. Wie auch immer, du darfst nie daran zweifeln, dass diese Suche sich lohnt.«

DER NEGATIV-POSITIV-TEST

Alejandro Jodorowsky, der Erfinder der Psychomagie, hat einmal gesagt, wenn man nicht wisse, was man mag, solle man beginnen, genau darauf zu achten, was man nicht mag, und so werde man durch Aussondern zu dem gelangen, was man mag.

Auf seinem Vorschlag basiert die folgende Übung:

1. Schreiben Sie auf, was Sie nicht gerne lernen.

Fangen Sie ruhig mit den Fächern an, die Sie schon in der Schule oder in Ihrer Ausbildung nicht leiden konnten, und schreiben Sie dazu, warum.

____

____

____

2. Listen Sie alle Tätigkeiten auf, die Sie nicht ausstehen können.

Falls Sie Berufserfahrung haben, schreiben Sie auf, bei welchen Arbeiten Sie ein Gefühl der Leere und Entfremdung empfinden und warum.

____

____

____

3. Machen Sie eine Bestandsaufnahme sämtlicher alltäglicher Verrichtungen, die Ihnen widerstreben.

Dazu können Haushaltsdinge, Terminplanungen und die vielen lästigen oder aufwendigen täglichen Verpflichtungen gehören. Fragen Sie sich auch hier wieder nach dem Grund.

____

____

____

4. Finden Sie den gemeinsamen Nenner aller ungeliebten Tätigkeiten. Worin ähneln sich die »Plagen« Ihrer Negativliste?

Die Antwort darauf wird Ihnen zeigen, welche Wege Sie auf der Suche nach Ihrem »Element« meiden sollten.

- Empfinden Sie Aufgaben, die sich ständig wiederholen, als ermüdend, oder belasten Sie eher Tätigkeiten, die kreatives Denken und Entscheidungsfreudigkeit verlangen?

  ____

- Übt man diese Tätigkeiten allein oder zu mehreren aus?

  ____

- Befolgen Sie dabei Anweisungen von außen, oder liegt alles in Ihrer Hand?

  ____

- Sind die Tätigkeiten mit körperlicher oder intellektueller Anstrengung verbunden?

  ____

5. Notieren Sie nun alles, was Sie in den weiter oben genannten Bereichen gern machen oder gemacht haben:

- Schule und Ausbildung

____

- Arbeit, Beruf

____

- Alltagsverpflichtungen

____

6. Finden Sie bei den Tätigkeiten, die Ihnen gefallen, den gemeinsamen Nenner; stützen Sie sich dabei auf die gleichen Fragen wie unter Punkt 4. Fügen Sie noch eine weitere hinzu: Entspricht Ihr Element einem bestimmten Bereich oder einer Idee?

____

____

____

7. Haben Sie eine dieser angenehmen Tätigkeiten aufgegeben? Warum? Was können Sie tun, um sie wieder aufzunehmen?

____

____

____

8. Erstellen Sie eine Rangliste all dessen, was Sie gern machen oder gemacht haben. Was steht an erster Stelle? Wie könnten Sie dieser Sache in Ihrem Leben mehr Bedeutung geben?

9. **Stellen Sie sich nun, da Ihre Leidenschaft sich herauszukristallisieren beginnt, folgende Schlüsselfrage: Was wollte ich schon immer machen, habe aber nie den Mut gefunden, damit anzufangen?**

10. **Entscheiden Sie, wie, wo und wann Sie damit anfangen werden, und verpflichten Sie sich dazu mit einer Unterschrift.**

9. Station – Franklin

Eine Methode zur Stärkung unserer Tugenden

In diesem Teil unserer Reise werden wir auf das Leben eines Mannes zurückblicken, der im 18. Jahrhundert eigene Ideen entwickelt hat, um im Einklang mit seinem *Ikigai* zu bleiben.

Selbstreflexion und Bewunderung waren die beiden Instrumente, mit denen es Benjamin Franklin gelang, seine Grenzen zu überwinden. Seine Biografie ist vielschichtig, die Liste seiner Tätigkeiten geradezu endlos. Vor allem aber machte er sich als Staatsmann und Erfinder des Blitzableiters einen Namen und spielte eine entscheidende Rolle in der amerikanischen Revolution und beim Aufbau der Vereinigten Staaten.

Zu seinen vermutlich am wenigsten bekannten Facetten gehört die des Philosophen und Erfinders einer ungewöhnlichen Methode der – wie man heute sagen würde – Persönlichkeitsentwicklung.

> »Es gibt drei Dinge, die extrem hart sind:
> Stahl, Diamanten und Selbsterkenntnis.«
>
> Benjamin Franklin

Ein Pionier der Selbsthilfe

In der Tat könnte man Benjamin Franklin als Vorläufer der Persönlichkeitsentwicklung bezeichnen. Dem rastlosen amerikanischen Intellektuellen war schon damals klar, dass Selbsterkenntnis und Nachahmung von Personen, die auf einem bestimmten Gebiet besser sind als man selbst, der Schlüssel zur Überwindung der eigenen Grenzen sind. Als Zwanzigjähriger setzte er sich das ehrgeizige Ziel moralischer Perfektion. Zu diesem Zweck las er Biografien großer Männer, die vor ihm gelebt hatten, und merkte sich die Tugenden, von denen er glaubte, dass sie auch seine eigenen Schritte lenken sollten.

Franklins Notizbuch

Jene Werte, die später als »die dreizehn Tugenden des Benjamin Franklin« bekannt wurden, waren folgende: Mäßigkeit, Schweigen, Ordnung, Entschlossenheit, Sparsamkeit, Fleiß, Aufrichtigkeit, Gerechtigkeit, Mäßigung, Reinlichkeit, Gemütsruhe, Keuschheit und Demut.

Wenn wir uns in Franklin hineinversetzen, stellt sich uns unwillkürlich die Frage, wie ein nach moralischer Vollkommenheit strebender Zwanzigjähriger es schaffte, die nötige Disziplin aufzubringen, um diese Tugenden zu praktizieren.

Benjamin Franklin behalf sich mit einem kleinen Notizbuch. Dort trug er, wie in der Tabelle weiter unten zu sehen ist, die Wochentage und die Charakterstärken ein, die ihm zur Erlangung moralischer Vollkommenheit notwendig erschienen. Jede Woche nahm er sich eine davon vor, setzte sie oben auf die Liste und notierte Tag für Tag, ob er diese Tugend beharrlich genug praktiziert hatte.

Nach dreizehn Wochen, also ungefähr alle drei Monate, war jede Tugend einmal drangekommen, und er fing wieder von vorne an.

	So	Mo	Di	Mi	Do	Fr	Sa
Mäßigkeit	x	x		x		x	
Schweigen	x	x	x		x	x	
Ordnung	x	x	x				
Entschlossenheit							
Sparsamkeit							
Fleiß							
Aufrichtigkeit							
Gerechtigkeit							
Mäßigung							
Reinlichkeit							
Gemütsruhe							
Keuschheit							
Demut							

Da Franklin schriftlich festhalten wollte, ob er sein Tagesziel erreicht hatte, ging er jeden Abend in sich und fragte sich, ob er seinem Bestreben nach Vollkommenheit auch redlich nachgegangen war.

Wenngleich er sich am Ende seines Lebens eingestehen musste, dass er die erstrebte moralische Vollkommenheit nicht erreicht hatte, war Franklin der Überzeugung, dass jenes strenge Verhaltensmuster und seine Selbsterkenntnis einen besseren Menschen aus ihm gemacht hatten. Er hatte sogar das Gefühl, er verdanke seinem Notizbuch »das dauernde Glück seines Lebens«.

»Menschliches Glück stammt nicht so sehr aus großen Glücksfällen, die sich selten ereignen, als vielmehr aus kleinen glücklichen Umständen, die jeden Tag vorkommen.«

Benjamin Franklin

Die dreizehn Tugenden

Schauen wir uns einmal an, welche Tugenden den Erfinder des Blitzableiters zu einem weiseren, glücklicheren und vernünftigeren Menschen gemacht haben. Franklins Gedanken zu den einzelnen Tugenden stammen zwar aus dem 18. Jahrhundert, haben aber fast alle auch heute noch ihre volle Gültigkeit.

1. MÄSSIGKEIT. »Iss nicht bis zum Stumpfsinn, trink nicht bis zur Berauschung!« Ohne es zu wissen, kannte Franklin offenbar schon die japanische Regel des *Hara hachi bu*, nach der man mit Essen aufhören sollte, wenn man zu achtzig Prozent gesättigt ist.

2. SCHWEIGEN. »Sprich nur, was anderen und dir selbst nützen kann; vermeide unbedeutende Unterhaltung!« Oder wie es ein japanisches Sprichwort formuliert: »Was du zu sagen hast, das sag morgen.« Im letzten Kapitel dieses Buchs werden wir uns mit der Bedeutung des von uns Gesprochenen befassen.

3. ORDNUNG. »Lass jedes Ding seine Stelle und jeden Teil deines Geschäftes seine Zeit haben!« In ihrem Bestseller *Das große Magic Cleaning Buch* betont Marie Kondo, wie sehr unsere räumliche Umgebung die geistige Harmonie beeinflusst, die wir für unser *Ikigai* benötigen.

4. ENTSCHLOSSENHEIT. »Nimm dir vor zu tun, was du tun musst; vollführe unfehlbar, was du dir vornimmst!« In Kapitel 3 haben wir das *Gambarimasu* vorgestellt und gesehen, wie wichtig in allen Bereichen unseres Lebens Entschlossenheit und beharrliches Bemühen sind.

5. SPARSAMKEIT. »Mach keine Ausgabe, als um anderen oder dir selbst Gutes zu tun; das heißt, vergeude nichts!« Modern ausgedrückt: Weniger ist mehr. Eine minimalistische Lebensart führt dazu, dass wir weniger, aber dafür bessere Dinge und Beziehungen haben.

6. FLEISS. »Verliere keine Zeit; sei immer mit etwas Nützlichem beschäftigt; entsage aller unnützen Tätigkeit!« In Kapitel 33 des vorliegenden Buchs werden wir über das *Kaizen* sprechen, die Kunst, täglich kleine Verbesserungen an unserem Leben vorzunehmen.

7. AUFRICHTIGKEIT. »Bediene dich keiner schädlichen Täuschung; denke unschuldig und gerecht, und wenn du sprichst, so sprich danach!« Oder um es mit Gandhi zu sagen: »Glück ist erreicht, wenn das, was du denkst, was du sagst und was du tust, in Harmonie sind.«

8. GERECHTIGKEIT. »Schade niemandem, indem du ihm unrecht tust oder die Wohltaten unterlässt, die deine Pflicht sind!« Wenn wir das Richtige tun, erfüllt uns innere Ruhe, sodass uns zermürbende Grübeleien erspart bleiben, die uns Energie kosten und unseren Erfolg beeinträchtigen.

9. MÄSSIGUNG. »Vermeide Extreme; hüte dich, Beleidigungen so übel aufzunehmen, wie sie es nach deinem Dafürhalten verdienen!« Das Verbreiten von Negativität kann vieles vergiften.

10. REINLICHKEIT. »Dulde keine Unsauberkeit am Körper, an Kleidern oder in der Wohnung!« In seinem Buch *Die achtsame Kunst des Putzens* zeigt Keisuke Matsumoto, dass äußere Reinigung immer zugleich auch innere Reinigung ist und somit »die Wolken des Geistes« entfernt.

11. GEMÜTSRUHE. »Beunruhige dich nicht über Kleinigkeiten oder über gewöhnliche oder unvermeidliche Unglücksfälle!« Der große Zen-Meister Taisen Deshimaru sagt, dass unabhängig von äußeren Geschehnissen der natürliche Zustand des Menschen darin bestehe, schweigsam, friedlich und ruhig zu sein.

12. KEUSCHHEIT. »Übe geschlechtlichen Umgang selten, nur um der Gesundheit oder der Nachkommenschaft wegen, niemals bis zur Stumpfheit, Schwäche oder zur Schädigung deines eigenen oder fremden Seelenfriedens oder guten Rufes!« Dies ist vielleicht die einzige nicht mehr zeitgemäße Tugend, wenngleich unehrliches Verhalten im Zusammenhang mit Sex gewiss keine Gelassenheit schenkt.

13. DEMUT. »Ahme Jesus und Sokrates nach!« Hier erübrigt sich jede Ergänzung.

LEGEN SIE EIN »FRANKLIN-HEFT« AN

Wenn Sie Franklins Methode der Persönlichkeitsentwicklung in Ihrem eigenen Alltag anwenden möchten, besorgen Sie sich ein kleines Heft, und tragen Sie es immer bei sich, oder verwenden Sie Ihr Smartphone als digitales Notizbuch.

Folgendermaßen können Sie die Franklin-Methode Ihren eigenen Bedürfnissen anpassen:

1. Erstellen Sie eine Tabelle wie die in diesem Kapitel abgebildete, und tragen Sie die Tugenden ein, in denen Sie sich perfektionieren wollen, sowie die Wochentage.

2. Nehmen Sie sich jede Woche die Stärkung einer dieser Tugenden vor, und beginnen Sie den Tag mit einem entsprechenden Vorsatz (zum Beispiel: um *Dankbarkeit* zu üben, werde ich heute einem ehemaligen Lehrer schreiben, der mir während meiner Ausbildung sehr geholfen hat).

3. Sollten Sie es einmal nicht schaffen, etwas zur Stärkung dieser Tugend zu tun, bleibt das entsprechende Kästchen an diesem Tag leer. Am Ende der Woche werden Sie der Tabelle entnehmen können, wie beharrlich Sie Ihr Ziel verfolgt haben.

4. Beurteilen Sie nach der letzten Woche anhand der Tabelle, welche Tugenden Sie am intensivsten praktiziert haben. Falls Sie eine von ihnen siebenmal angekreuzt haben, bedeutet dies, dass sie bereits zu Ihrem Leben gehört. Tugenden, die Sie nur selten angekreuzt haben, sollten Sie erneut in die Tabelle eintragen, um in den folgenden Wochen weiter an ihnen zu arbeiten.

10. Station – Gasshuku

»Shinkansen-Sitzungen«

Die Japaner glauben, dass kein Mensch allein so intelligent ist wie ein Zusammenschluss von Talenten. In ihrer Kultur kommt Synergien große Bedeutung zu, und sie werden höher bewertet als Individualismus.

Auch einsames Arbeiten erweist sich oftmals als effizienter, wenn mehrere fähige Leute gleichzeitig und nah beieinander tätig sind, auch wenn jeder an seinem eigenen Projekt sitzt. Der einsam Schaffende fühlt sich in diesem Fall vom Beispiel der anderen begleitet, die jeweils für ihre Sache kämpfen. Räumliches Zusammensein mit anderen schöpferischen Menschen, die intensiv an einer Sache arbeiten, erzeugt starke Energien.

Einige berühmte und erstaunliche Beispiele für dieses Phänomen wollen wir Ihnen im Folgenden schildern.

Rückzug mit Gruseleffekt

Vor zwei Jahrhunderten traf sich in Genf eine Gruppe englischer Schriftsteller in der Villa Diodati am Ufer des Genfersees. Lord Byron, der Initiator der Begegnung, hatte das prächtige Haus gemietet und den Dichter Percy B. Shelley mit seiner späteren Ehefrau Mary Godwin sowie seinen Leibarzt John Polidori eingeladen.

Das Treffen fand in dem Jahr statt, das als das »Jahr ohne Sommer« in die Geschichte eingehen sollte. Damals hatte ein heftiger Ausbruch des im heutigen Indonesien gelegenen Vulkans Tambora der nördlichen Erdhalbkugel mitten im Sommer winterliche Bedingungen beschert.

In jener apokalyptischen Atmosphäre schlug Lord Byron seinen Freunden und seinem Arzt ein Spiel vor: Jeder solle sich auf sein Zimmer zurückziehen und eine Schauergeschichte schreiben.

Polidori brachte einen Text zu Papier, den er später zu *Der Vampyr* erweiterte, bekannt als die erste Vampirerzählung der Weltliteratur. Als alle sich wieder zusammenfanden und ihre kleinen Werke vorlasen, hätte somit Byrons Arzt der klare Sieger des Wettstreits sein müssen. Doch er hatte Pech. Ausgerechnet bei diesem Schreibexperiment entwarf Mary Godwin, Shelleys künftige Ehefrau, nichts Geringeres als *Frankenstein*.

Die Idee dazu war ihr gekommen, als sie den Gesprächen ihres Mannes mit Polidori über diverse naturwissenschaftliche Forschungen der damaligen Zeit gelauscht hatte, unter anderem über Versuche, Leichen mittels elektrischem Strom wieder zum Leben zu erwecken.

Das Meisterwerk des Horror-Genres wäre vermutlich nie entstanden, hätte der gemeinsame Rückzug jener vier fantasiebegabten Personen nie stattgefunden.

»Gasshuku«

»›In zwei Wochen musst du zu einem *Gasshuku*‹, teilte mir eine der Sekretärinnen unserer Abteilung mit.

Sie versuchte, mir zu erklären, was ein *Gasshuku* sei, ich aber verstand nur, dass wir alle zusammen verreisen, um das Wochenende auf der Halbinsel Izu zu verbringen.

Gut gelaunt trafen meine Arbeitskollegen und ich in einem traditionellen Hotel (einem *Ryokan*) ein. Am Freitagabend nach dem Essen stieg ich in ein von Bambus umstandenes Thermalbecken mit Blick auf den vom Mondlicht beschienenen Fuji.

›Wenn sie mich dafür auch noch bezahlen – toll!‹, dachte ich mit breitem Grinsen.

Dann kam der Samstag, an dem wir alle schon um fünf Uhr morgens auf den Beinen waren. Während wir in einem Versammlungsraum des Hotels gemeinsam frühstückten, erklärte uns der Direktor unserer Firma, was er von uns erwartete.

Das restliche Wochenende war ein Arbeitsmarathon ohne eine einzige Pause, in der ich ein weiteres Bad im Thermalbecken mit Blick auf den Fuji hätte nehmen können.

Am Montag fühlte ich mich zwar eher erschöpft als von der Reise erholt, aber ich war zufrieden. Wir hatten an den beiden Gasshuku-Tagen mehr Ideen entwickelt und Probleme gelöst als in wochenlanger Büroarbeit.«

Héctor

Ein Intensivkurs in Kreativität

Der japanische Begriff *Gasshuku* bezeichnet ein kurzzeitiges Zusammensein von Arbeits- oder Studienkollegen oder einer beliebigen Gruppe von Menschen, die ein gemeinsames Hobby praktizieren (z. B. eine Kampfkunst), an einem Ort außerhalb des gewohnten Rahmens und mit einem bestimmten Ziel: Man will die Ideen des gesamten Teams nutzen, um sich zu verbessern. Im Englischen gibt es dafür den Begriff des *Offsite-Meetings*, in der IT-Branche würde man von einem *Hackathon* sprechen.

Oft träumen wir davon, unserer Leidenschaft mehr Zeit zu widmen, unser *Ikigai* zu fördern, sind aber ständig mit obskuren Erledigungen und Alltagsdingen beschäftigt, denen es immer wieder gelingt, unsere Tage vollkommen auszufüllen.

Das ist nicht allein unsere Schuld. Unser Tag setzt sich aus so vielen Puzzleteilen zusammen, dass wir nicht problemlos Dinge streichen oder ändern können.

Nehmen wir an, wir wollen Zeichnen lernen. Dann können wir zwar bescheidene Ziele erreichen, indem wir zum Beispiel jeden Donnerstag einen einstündigen Zeichenkurs besuchen. Es ist ja auch nichts daran auszusetzen, wenn man einmal die Woche Unterricht nimmt. Aber es bedeutet, dass man nach drei Monaten nur zwölf Stunden gezeichnet hat.

Können Sie sich vorstellen, mit drei oder vier Freunden, die genauso gern zeichnen und malen wie Sie, ein Wochenende in einem Hotel in den Bergen zu verbringen und zwölf Stunden pro Tag inmitten der Natur Landschaften zu malen?

Zweifellos hätten Sie an einem einzigen Wochenende genauso viel erreicht wie in sechs Monaten Zeichenunterricht.

Das Hotel des Romanciers

»Zu einer Zeit, als es mir schwerfiel, meine Romane konzentriert zu Ende zu schreiben, gewöhnte ich mir an, mich in der Phase des heranrückenden Abgabetermins für ein paar Tage, manchmal für eine ganze Woche, in ein Hotel in meiner eigenen Stadt ›einzuweisen‹. Eines dieser Hotels, das, in dem ich *Das unvollkommene Leben* zu Ende schrieb, lag so nah, dass ich vom Fenster meines Zimmers aus das Hochhaus sehen konnte, in dem ich wohnte.

Mein eigenes Haus zu sehen, während ich an meinem Laptop saß, war wirklich ein skurriles Erlebnis. An einem so nahen und zugleich völlig fremden Ort zu sein, stimulierte meine Fantasie und verschaffte mir zugleich die nötige Konzentration.

Hin und wieder habe ich mir auch entlegenere ›Gefangenschaften‹ verordnet, zum Beispiel in einer Mönchszelle im Kloster Montserrat, die ich nicht eher verließ, bis ich meinen Thriller *El cuarto reino* beendet hatte.«

Francesc

Unsere Komfortzone eine Zeit lang zu verlassen und uns fern all dessen aufzuhalten, was uns tagtäglich beschäftigt, kann uns helfen, all unsere Energie auf das Ziel zu konzentrieren, das Beste aus uns herauszuholen und schneller voranzukommen.

Es lohnt sich, ab und zu alles stehen und liegen zu lassen und sich für ein paar Tage oder zumindest für etliche Stunden am Stück seiner Passion zu widmen.

WIE MAN »SHINKANSEN-SITZUNGEN« ORGANISIERT

Das, was man in Japan als *Gasshuku* bezeichnet, wollen wir in diesem Buch *Shinkansen-Sitzung* nennen.

Shinkansen-Sitzung:

ein begrenzter Zeitraum – mehrere Stunden oder sogar Tage –, in dem man jede Ablenkung meidet und den man ausschließlich einem klar umrissenen, ehrgeizigen Ziel widmet. Idealerweise verbringt man diese Zeit fern der üblichen Zerstreuungen und Ablenkungen. Ziel ist es, einen deutlichen Sprung nach vorne zu machen, wie wir ihn im ersten Kapitel beschrieben haben.

Schauen wir uns an, wie man eine *Shinkansen-Sitzung* organisieren könnte:

- Man legt ein Datum und eine Uhrzeit für Anfang und Ende fest und hält sich streng daran.
- Das Ziel muss schon im Voraus klar definiert sein. Bei Sitzungsbeginn sollte man ab der ersten Minute arbeiten können.
- Handys und andere Kommunikationsmittel sind von Anfang bis Ende verboten.
- Trifft man sich zu mehreren zu einer *Shinkansen-Sitzung*, ist es ratsam, schon am Vorabend zusammenzukommen, damit alle Teilnehmer Gelegenheit haben, sich kennenzulernen, zum Beispiel bei einem Abendessen oder einer Veranstaltung, und eine angenehme Atmosphäre entstehen kann.

- Für eine einsame *Shinkansen-Sitzung* wählt man am besten einen anderen Arbeitsort als sonst, an dem einen nichts ablenkt. Zum Beispiel ein Haus auf dem Land oder ein Hotel in der eigenen Stadt.
- *Shinkansen-Sitzungen* kann man auch mit weit auseinander wohnenden Teilnehmern abhalten, da sich heutzutage Kommunikationsdienste wie Skype oder Hangouts beziehungsweise Videokonferenz-Programme nutzen lassen, bei denen man sich am Computerbildschirm sehen kann. Wichtig ist, dass alle Teilnehmer absolut motiviert sind und sich nicht durch Internetsurfen ablenken lassen.

11. Station – Abenteuer

Die Komfortzone verlassen

Wenn wir mit dem Zug einem fremden Ziel entgegenfahren, mag uns anfangs, beim Verlassen unserer vertrauten Umgebung, mulmig zumute sein. Doch nachdem wir eine Zeit lang die am Fenster vorbeiziehende Landschaft betrachtet haben, breitet sich in uns die typische Gelassenheit des Reisenden aus, der sich der Fahrt überlässt und die Flüchtigkeit des Lebens akzeptiert. Genau dieses Gefühl sollte uns begleiten, wenn wir uns auf ein berufliches, künstlerisches oder auch amouröses Abenteuer einlassen. Uns sollte bewusst sein, dass wir unsere Komfortzone verlassen und Unsicherheit aufkommen kann, dass aber die neuen Horizonte, die uns erwarten, unseren Mut verdienen.

Der Frosch im kochenden Wasser

Unsere Komfortzone ist der Ort beziehungsweise die Situation, in der wir uns wohlfühlen, eine vertraute Umgebung, in der wir uns routinemäßig verhalten, ohne uns neue Lösungen überlegen oder die mit Veränderung verbundenen Ängste aushalten zu müssen.

»Die Komfortzone ist ein Verhaltenszustand, in dem der Mensch in einer neutralen Gefühlsverfassung agiert und sich nach einer begrenzten Palette von Verhaltensmustern richtet, um auf einem stabilen, meist nicht mit dem Gefühl von Risiko verbundenen Leistungsniveau zu bleiben.«

Alasdair White

Wenn wir aber stets in der »bekannten Welt« bleiben, haben wir kaum die Möglichkeit, uns weiterzuentwickeln, und viele Menschen bezahlen teuer dafür, dass sie den Schoß des Komforts nie verlassen: mit Apathie, Lebensmüdigkeit, sogar mit Depressionen.

Die gute Nachricht ist die, dass wir von Geburt an ganz selbstverständlich und instinktiv gegen den Komfortzustand aufbegehren. Anders könnten wir gar nicht wachsen, lernen und reifen. Kinder wagen sich immer wieder in unbekannte Bereiche vor, bis sie erwachsen sind.

Dummerweise wird uns irgendwann bewusst, dass wir verletzlich sind. Wir begreifen, dass wir Dinge zu verlieren haben oder Schaden erleiden könnten. Und so droht die Gefahr, dass wir an Ort und Stelle verharren und eingehen wie der Frosch aus der Fabel, der in einem Topf mit sich erhitzendem Wasser langsam gekocht wird, weil er nicht merkt, dass die Temperatur immer weiter steigt.

Lieber die Taube auf dem Dach

Keinen einzigen der vielen Fortschritte in der Geschichte der Zivilisation hätte es gegeben, wäre die Menschheit in ihrer Komfortzone geblieben.

Auch auf individueller Ebene erreicht man das, wonach man ernsthaft strebt, nur, indem man sich auf unbekanntes Terrain wagt. Dale Carnegie, ein Guru aus dem Bereich von Bildung und Persönlichkeitsentwicklung, erklärt dies in einem seiner Bücher folgendermaßen:

»Wir lernen durch Tun. Kinder lernen nicht laufen, indem sie anderen zuschauen, sondern indem sie Hunderte Male aufzustehen versuchen und wieder hinfallen, bevor sie begreifen, wie man einen Fuß vor den anderen setzt und dabei sein Gleichgewicht hält. Indem du unbequeme, neue Dinge machst, erweiterst du letztlich deine Komfortzone. Es ermöglicht dir, neue Aufgaben mutig anzugehen; nicht ohne Angst, sondern mit kontrollierter Angst.«

Und an anderer Stelle: »Wenn du etwas tust, was du glaubtest, nicht tun zu können, wirst du spüren, wie deine Resilienz, deine Hoffnung, deine Würde und dein Mut stärker werden. Eines Tages wirst du vor noch schwereren Entscheidungen stehen, die sogar noch mehr Mut erfordern. Wenn diese Momente da sind und du dich richtig entscheidest, werden die Menschen, die dir am meisten bedeuten, deinen Mut anerkennen. Wenn andere erleben, dass du Mut höher schätzt als Angst, werden sie lernen, was Courage ist, und nur deren Fehlen fürchten.«

Wer nach mehr strebt als nach bloßem Überleben muss sich von der Annahme verabschieden, der Spatz in der Hand sei besser als die Taube auf dem Dach. Unsere Komfortzone kennen wir bereits zur Genüge. Sie hat uns schon alles gegeben, was sie uns geben konnte. Wie wäre es, wenn wir es wagten, einen Schritt darüber hinaus zu tun?

KLEINE FLUCHTEN AUS IHRER KOMFORTZONE

Mögen auch Ihre derzeitigen Verpflichtungen Ihnen nicht den Aufbruch ins große Abenteuer erlauben, so können Sie dennoch täglich üben, ein wenig auf das Gebiet jenseits Ihrer Komfortzone vorzudringen, wie ein Bergsteiger, der im nahen Gebirge trainiert, bevor er sich auf einen Achttausender wagt.

Folgende Vorschläge werden Ihnen helfen, es sich nicht allzu bequem zu machen, sondern etwas frischen Wind in Ihren Alltag zu lassen:

1. Wählen Sie einen anderen als den üblichen Weg zur Arbeit oder zu Ihrer Ausbildungsstätte.

Oder begeben Sie sich auf andere Weise dorthin. Wenn Sie es gewohnt sind, öffentliche Verkehrsmittel zu benutzen, nehmen Sie einmal das Rad, oder gehen Sie sogar zu Fuß – falls es nicht zu weit ist –, und achten Sie auf all das, was Ihnen unterwegs begegnet.

2. Lesen Sie ein Buch eines unbekannten Autors.

Gehen Sie in eine Bücherei, und lassen Sie sich ganz unvoreingenommen von einem Titel oder einem Bucheinband verführen. Lesen Sie eventuell den ersten Absatz, um zu sehen, wie Sie sich dabei fühlen. Vielleicht machen Sie ja die Entdeckung des Jahres.

3. Gehen Sie in einem Stadtteil spazieren, in dem Sie noch nie waren.

Spielen Sie Tourist in Ihrer eigenen Stadt, und fahren Sie an einem freien Tag mit der U-Bahn oder dem Bus irgendwohin, wo Sie noch nie zuvor waren. Streifen Sie »mit anderen Augen« durch das fremde Revier, schauen Sie sich die Häuser und die Leute an, setzen Sie sich in ein Café, um in das Leben des Viertels einzutauchen.

4. Lernen Sie etwas Neues.

Belegen Sie, selbst wenn Ihre Zeit knapp ist, einen Kurs in etwas, was Sie noch nie gemacht haben: Tai-Chi, japanisch

Kochen, Kalligrafie, Modellzeichnen, Fotografie, was auch immer ... Sie werden nicht nur eine neue Welt betreten, sondern auch neue Menschen kennenlernen.

5. Suchen Sie sich neue Freunde.

Öffnen Sie sich für neue Kontakte, vor allem wenn Sie schon Punkt 4 ausprobiert haben. Über neue Leute werden Sie auch neue Orte entdecken, und Ihre Gesprächsthemen werden sich ändern. Manchmal gewinnt man auch dadurch neue Freunde, dass man sich mit Kollegen unterhält, mit denen einen bisher nur ein reiner Arbeitskontakt verbunden hat.

12. Station – Timung

Rechtzeitig in den Zug steigen

Haben Sie manchmal Angst, den Zug des Lebens zu verpassen? Droht Ihre Agenda zu kollabieren? Hatten Sie schon einmal das Gefühl, Ihr Leben könnte jeden Moment unter der Last Ihrer vielen Verpflichtungen und Verabredungen entgleisen?

Falls Sie eine dieser Fragen mit »ja« beantwortet haben, hapert es womöglich mit Ihrer Zeiteinteilung, was oftmals auch einen ineffizienten Umgang mit Geld zur Folge hat; denn Zeit und Geld sind eng miteinander verknüpft.

Ein einfaches Beispiel: Wenn Sie es nicht rechtzeitig zum Supermarkt mit den besten Angeboten schaffen, müssen Sie in letzter Minute in den Laden an der Ecke gehen, wo alles viel teurer ist.

In diesem Kapitel wollen wir uns eine einfache, aber wirkungsvolle Methode anschauen, wie man seinen Umgang mit Zeit und Geld und dem eigenen Leben optimieren kann.

Das Gesetz des Dringenden und des Wichtigen

Gute Selbstorganisation ist eine Kunst. Oft verstreicht die Zeit, und wir haben nicht einmal die Hälfte dessen geschafft, was wir noch bis zum Wochenende erledigen wollten. Häufig haben wir so viel zu tun, dass wir gar nicht wissen, wo wir anfangen sollen. Das wiederum blockiert uns, sodass wir keine der vielen Aufgaben richtig zu Ende bringen. Oder wir beschäftigen uns mit etwas eigentlich Unwichtigem, weil es uns dringend erscheint.

Wenn wir unsere Wochenplanung optimieren wollen, müssen wir eine klare Vorstellung davon haben, welche Aufgaben Priorität besitzen, damit wir nach ihrer Erledigung ohne Schuldgefühle das Wochenende genießen und nachts ruhig genug schlafen können, um nicht am nächsten Morgen gestresst aufzuwachen.

Ziel der Übung ist es, nicht dauernd allem hinterherzuhinken, um auch ab und zu ein wenig Mensch sein zu können: ins Kino zu gehen, einen Roman zu lesen oder Alltagszerstreuungen anderer Art zu genießen.

In seinem Abschiedsvortrag vor Studenten gestand Randy Pausch, bei allen Erfolgen in seinem Leben habe die »Zeitmanagement-Matrix« von Steven Covey eine entscheidende Rolle gespielt – siehe Abbildung folgende Seite.

Auf der Basis der folgenden Matrix können wir Aufgaben nach ihrer Dringlichkeit und Wichtigkeit in Listen anordnen. Der nächste Schritt sollte dann folgendermaßen aussehen:

1. Den *dringenden und wichtigen* Aufgaben geben wir absolute Priorität und beginnen so schnell wie möglich mit ihrer Erledigung.

2. Danach kümmern wir uns um die *wichtigen, aber nicht dringenden* Aufgaben.

3. Erst dann wenden wir uns den *dringenden, aber nicht wichtigen* zu.

4. Die *weder dringenden noch wichtigen* können wir sofort von der Liste streichen.

	DRINGEND	NICHT DRINGEND
WICHTIG	*Zeit verbracht mit:* Krisen, Erledigen von Dringendem, Brände löschen, Deadlines *Resultat:* Stress, Erschöpfung, ruhiges Gewissen I Quadrant	*Zeit verbracht mit:* Ausbildung, Vorsorge, Auslotung neuer Möglichkeiten, Projektplanungen *Resultat:* Wachstum, Konsolidierung von Plänen, persönliche Entwicklung II Quadrant
NICHT WICHTIG	Quadrant III *Zeit verbracht mit:* Unterbrechungen, Anrufen, Korrespondenz, Mails, gesellschaftlichen Verpflichtungen *Resultat:* Müdigkeit, Zerstreutheit, schwache Konzentration	Quadrant IV *Zeit verbracht mit:* Verschieben von Aufgaben, unnötigen Vorbereitungen, Aktivitäten in sozialen Netzwerken, Zeitverschwendung, angenehmen Tätigkeiten *Resultat:* Schläfrigkeit, Entspannung

DIE KAMPRAD-METHODE

INGVAR KAMPRAD, der Gründer des Möbelhauses IKEA, plädierte stets für ein rigoroses Zeitmanagement-System. Sein Rat: »Unterteile dein Leben in Zehn-Minuten-Abschnitte und lass so wenige wie möglich sinnlos verstreichen.«

Drei klassische Zeiträuber

Manchmal rinnt uns die Zeit wie Sand durch die Finger, und wir fragen uns irgendwann erstaunt, wo sie geblieben ist. Schauen wir uns einmal an, welches die hauptsächlichen Zeiträuber unseres modernen Lebens sind und wie wir sie dingfest machen können:

- **Ablenkung durch soziale Netzwerke.** Hier ist die Lösung einfach und braucht nicht groß erklärt zu werden: alles abschalten, zumindest während wir uns mit etwas beschäftigen, das unsere volle Aufmerksamkeit beansprucht.
- **Essen mit Freunden und/oder Kunden.** Jemand, der beruflich viel mit Menschen zu tun hat, geht möglicherweise jeden Tag ins Restaurant, wo er nicht nur Geld ausgibt, sondern im Durchschnitt auch täglich zwei Stunden »verliert«. Wenn er dazu noch Wein zum Essen trinkt, muss er mit einem erheblichen Leistungsabfall rechnen. *Lösung:* Sich auf ein oder zwei Essensverabredungen pro Woche beschränken. Müssen wir viele Leute treffen,

können wir sie je nach Affinität zu Vierer- oder Fünfergruppen zusammenfassen. Damit gewinnen wir Arbeitszeit und ermöglichen den anderen, Kontakte zu knüpfen, unter Umständen sogar Freundschaften zu schließen. Eine andere Strategie des Zeitsparens wäre etwa, sich statt zum Essen auf einen höchstens vierzigminütigen Kaffee zu treffen.

- **Sich um persönliche Angelegenheiten kümmern.** Das sollte man nie während der Arbeitsstunden tun. Widmet man den Dingen, deren Erledigung eigentlich in die Freizeit gehört, seine Arbeitszeit, muss man abends und am Wochenende, während die anderen sich ausruhen, alles nachholen, was man unter der Woche nicht geschafft hat.

- **Und zu guter Letzt:** Auf Kosten des Schlafs »aufzuholen«, lohnt sich nicht. Ausnahmsweise kann man das mal am Abend oder frühen Morgen vor einer wichtigen Abgabe tun, ansonsten sollte man es tunlichst vermeiden. Abgesehen davon, dass man dabei seine Gesundheit aufs Spiel setzt und vorzeitiges Altern riskiert, gewinnt man nicht wirklich Zeit. Nach nur vier oder fünf Stunden Schlaf arbeitet der Kopf langsamer und leistet wesentlich weniger pro Stunde als nach mindestens sieben Stunden Schlaf. Auf Schlaf zu verzichten, zahlt sich also nicht aus.

DIE POMODORO-TECHNIK

Eine sehr effiziente Methode zur Leistungssteigerung, und wenn man bei der Erledigung von Aufgaben Fristen einhalten muss, ist die sogenannte Pomodoro-Technik:

1. Unterteilen Sie die zum Arbeiten vorgesehene Zeit in 25-Minuten-Sequenzen (während denen Sie sich durch nichts ablenken lassen).
2. Legen Sie nach jeder 25-Minuten-Phase eine fünfminütige Pause ein.
3. Belohnen Sie sich nach vier Arbeitsphasen oder »Pomodoros« mit einer längeren Pause von 15 Minuten.

Diese Methode ist deshalb so effizient, weil eine zeitliche Begrenzung auf 25 Minuten einen zwingt, sich auf eine relativ überschaubare Aufgabe zu konzentrieren. Zudem gönnt man sich kleine Erholungsphasen und reduziert die innere Anspannung durch das befriedigende Gefühl, dass man viel Liegengebliebenes erledigt.

Die Pomodoro-Technik hat ihren Namen von der bekannten Küchenuhr in Tomatenform. Ob im Büro oder zu Hause, sie hilft uns, unsere Aufgaben zu bewältigen, ohne vor Erschöpfung schlappzumachen.

13. Station – Pareto

Das 80/20-Prinzip

Das 80/20-Prinzip, auch bekannt als »Pareto-Prinzip« oder »Pareto-Effekt«, geht auf den italienischen Ökonomen Vilfredo Pareto zurück, der behauptete, dass sich achtzig Prozent der Probleme mit zwanzig Prozent des Gesamtaufwands lösen lassen.

Anfang des 20. Jahrhunderts erforschte Pareto die Verteilung des Bodenbesitzes in Italien. Im Zuge seiner makroökonomischen Untersuchung fand er heraus, dass sich etwa achtzig Prozent des Besitzes auf zwanzig Prozent der Bevölkerung konzentrierten.

Das Pareto-Prinzip ist zwar nicht wissenschaftlich untermauert, kann aber vor bestimmten Entscheidungen als nützliches Hilfsmittel dienen. Heutzutage wird es vielfach in der Geschäftswelt sowie im technischen und planerischen Bereich angewandt. Man fand zum Beispiel heraus, dass sich in Städten in der Regel achtzig Prozent des Verkehrs auf zwanzig Prozent der Straßen konzentrieren. Will man also die urbanen Verkehrsbedingungen verbessern, muss man sich auf das Fünftel der Straßen konzentrieren, durch das der meiste Verkehr fließt. Auch in der Informatik bestätigt sich die Regel insofern, als achtzig Prozent der Programmfehler ihren Ursprung in zwanzig Prozent des Quellcodes haben. Und wundersamerweise konzentrieren sich im Internet achtzig Prozent des Datenverkehrs auf zwanzig Prozent der Server.

Weniger ist mehr

»Tanaka ist ein Unternehmer im Gaststättengewerbe, der mich vor einigen Jahren mit einer Beratung beauftragte, um seine Einnahmen zu steigern. Als ich ihm riet, achtzig Prozent der Angebote von seiner Speisekarte zu entfernen, damit seine Restaurants höhere Umsätze erzielten, sah er mich an, als wäre ich verrückt geworden.

Er wolle nichts entfernen, entgegnete er, sondern eher noch etwas Neues hinzufügen, um sein Angebot zu verbessern. Ich konnte ihn jedoch überreden, versuchsweise in einem seiner Restaurants seine Speisekarte zu verkleinern.

Nach einer Woche rief Tanaka mich ganz aufgeregt an, um mir mitzuteilen, dass im Restaurant mit der abgespeckten Karte der Umsatz um fünfunddreißig Prozent gestiegen sei.

Der Gastronom änderte schließlich in all seinen Restaurants das Angebot und führte überall eine minimalistische Speisekarte ein. Tanakas Einstellung wechselte von ›mehr‹ zu ›weniger‹. Als ich ihn das letzte Mal sah, fragte er mich: ›Was könnte ich in meinem gastronomischen Betrieb noch streichen?‹ Der Fall Tanaka bestätigt sehr anschaulich das Pareto-Prinzip.«

Héctor

Um das Pareto-Prinzip anwenden zu können, müssen Sie als Erstes die Zahlen und Fakten analysieren, die Ihnen über den aktuellen Zustand Ihres Geschäfts, über Ihre Methoden oder Ihren Lebensstil Auskunft geben. Nachdem

Sie erkannt haben, was Ihnen am meisten einbringt, sollten Sie in einem zweiten Schritt all das streichen oder ändern, was Ihnen am wenigsten einbringt. Dieser zweite Schritt ist oft der schwierigere, da wir nur ungern glauben, alles werde besser laufen, wenn wir auf achtzig Prozent verzichten.

Zwanzig Prozent Ihres Einsatzes führen zu achtzig Prozent der Ergebnisse.

Ihr *Ikigai*, Ihre Passion im Leben, liegt nicht in den achtzig Prozent an weniger Wichtigem, das Sie täglich tun, sondern in den zentralen zwanzig Prozent, die Ihr Herz höher schlagen lassen. Verlieren Sie sich nicht in der Vielfalt der Möglichkeiten jener achtzig Prozent, die Ihnen Zeit und Energie rauben, lernen Sie stattdessen, Ihre Energie auf das Wesentliche zu konzentrieren, auf das, was Sie glücklich macht, und beleben Sie Ihre Leidenschaften, um Ihrem *Ikigai* näher zu kommen.

Das Pareto-Prinzip im Alltag

Schon seit geraumer Zeit weiß man, dass das Pareto-Prinzip sich noch auf etliche weitere Bereiche übertragen lässt, und viele Fachleute bestätigen inzwischen seine Gültigkeit mit Schätzungen wie den folgenden:

- Zwanzig Prozent der Weltbevölkerung verbrauchen achtzig Prozent der Ressourcen.
- Achtzig Prozent des Erfolgs gehen auf zwanzig Prozent der geleisteten Anstrengung zurück.
- Achtzig Prozent der Musik, die im Radio läuft, entsprechen zwanzig Prozent der verfügbaren Songs.

- Achtzig Prozent unserer Emotionen werden durch zwanzig Prozent unserer Erlebnisse ausgelöst.
- Achtzig Prozent der Kunden, die einen Laden betreten, sehen nur zwanzig Prozent der ausgestellten Ware.

Natürlich sind dies keine wissenschaftlich exakten Angaben, sondern in allen Fällen nur ungefähre Proportionen. Aber sie machen deutlich, dass die größten Gewinne und die meisten Ergebnisse auf einen geringen, aber gezielten Einsatz zurückzuführen sind. Wenn wir uns also das Leben leichter machen und unsere Kräfte effizienter einsetzen wollen, kann es hilfreich sein, die Dinge und Tätigkeiten aufzulisten, durch die sich die Mehrzahl unserer Probleme lösen lassen und die uns am meisten befriedigen.

Tim Ferriss: Die Mathematik des Erfolgs

In seinem Bestseller *Die 4-Stunden-Woche* schildert der Unternehmer Tim Ferriss, wie es ihm gelang, von randvollen Arbeitstagen auf eine, wie es der Buchtitel schon sagt, nur vierstündige Arbeitswoche umzuschalten.

Zum einen wandte er das Pareto-Prinzip an, da er entdeckt hatte, dass in seinem Geschäft zwanzig Prozent der Kunden und Waren achtzig Prozent der Probleme verursachten und zwanzig Prozent beider Kategorien ihm die größten Gewinne einbrachten. Nachdem er Erstere ausgeschaltet und nur Letztere behalten hatte, gelang es ihm, die Rentabilität seiner Firma um ein Vielfaches zu erhöhen; denn nun hatte er Zeit, mehr Kunden aus dem »Premium-Segment« der zwanzig Prozent anzuwerben.

Laut dem Unternehmer Alberto Cabezas verdient ein Unternehmen erst dann richtig Geld, wenn es anfängt, *auf Kunden zu verzichten.*

Eine weitere Strategie, mit der Tim Ferriss sich um mehr Effizienz bemüht hatte, war das Parkinsonsche Gesetz, das 1957 von dem Briten Northcote Parkinson aufgestellt worden ist. Es besagt, dass die Dauer einer Aufgabe der Zeit entspricht, die wir für ihre Erledigung zur Verfügung haben. Das heißt, je mehr Zeit man für etwas hat, umso mehr Zeit vergeudet man. Um dies zu vermeiden, sollte man sich Fristen setzen und die Arbeit so gestalten, dass man diese Fristen einhalten kann.

Je weniger Zeit Sie haben, um etwas zu erledigen, umso mehr werden Sie sich aufgrund des Zeitdrucks darauf konzentrieren, die wichtigen Dinge zu tun und voranzukommen.

Das Ergebnis wird genauso gut oder sogar besser ausfallen, als wenn Sie für dieselbe Arbeit endlos Zeit haben und sich zu sehr entspannen.

Gilt diese Regel auch in anderen Bereichen? Seien Sie bei dem, was Sie anbieten, klar und präzise, und begrenzen Sie die Möglichkeiten. Je mehr Optionen man dem Kunden gibt, umso mehr Unentschlossenheit erzeugt man und umso weniger Bestellungen erhält man, behauptet Ferriss.

Wenn zum Beispiel ein Grafiker einem Verleger drei völlig unterschiedliche Buchcover präsentiert, kann es passieren, dass dieser alle drei ablehnt, weil bei ihm die Botschaft angekommen ist, der Grafiker habe womöglich keine klaren Vorstellungen, was er wiederum als Unsicherheit interpretiert.

Als Henry Ford sein Unternehmen startete, fand er die ideale Formel, um seine Kunden trotz der begrenzten Angebote seiner noch in den Anfängen steckenden Firma zufriedenzustellen: »Sie bekommen den Wagen in der Farbe Ihrer Wahl, vorausgesetzt es ist schwarz.«

Weniger ist mehr.

In unserem Alltag, in dem wir, sowohl unmittelbar als auch über die sozialen Netzwerke, mit vielen Menschen zu tun haben, fällt es uns nicht leicht, innezuhalten und darüber nachzudenken, ob wir uns in dem für uns richtigen Umfeld bewegen. Häufig fühlen wir uns durch Leute oder Tätigkeiten belastet, die uns nicht befriedigen. Entsprechend der Pareto-Regel sollten wir uns Folgendes bewusst machen:

- In achtzig Prozent der Fälle zieht man nur zwanzig Prozent der Sachen an, die man im Kleiderschrank hängen hat (*die Sachen, die Sie so gut wie nie tragen, könnten Sie spenden*).
- Nur zwanzig Prozent der Probleme, die uns beschäftigen, sind wichtig, achtzig Prozent sind überflüssig (*streichen Sie sie deshalb von Ihrer Liste*).
- Zwanzig Prozent der Menschen aus unserem Umfeld verschaffen uns achtzig Prozent persönlicher Befriedigung (*widmen Sie diesen Auserwählten mehr Zeit, und gewinnen Sie Zeit für sich*).
- Nur zwanzig Prozent dessen, was wir tun, empfinden wir

als Vergnügen oder als beglückend (*machen Sie diese zwanzig Prozent zu Ihrem* Ikigai, *wenn möglich sogar zu Ihrem Beruf*).

Mit diesen Tatsachen vor Augen wird es uns leichter fallen, uns auf die wesentlichen Dinge zu konzentrieren und unsere Zeit den Menschen zu widmen, die uns etwas bedeuten, von allem Abstand zu nehmen, was unsere Stimmung beeinträchtigt, und Zeit für das zu finden, was wir wirklich tun möchten.

LEBEN SIE IN IHREN ZWANZIG PROZENT?

Produktiv zu sein und sich seine Zeit und seine Energien gut einzuteilen, ist fundamental, wenn man seine Ziele erreichen und nach seinen eigenen Vorstellungen leben will. Anhand der folgenden einfachen Fragen können Sie überprüfen, ob Sie sich in Ihrem Leben das Pareto-Prinzip zunutze machen:

- Gehen Sie den Beschäftigungen nach, die zum Erreichen Ihrer Ziele nötig sind?
- Können Sie delegieren oder unnötige Aktivitäten streichen?
- Verbrauchen Sie bei dem, was Sie tun müssen, nur so viel Energie wie nötig?
- Widmen Sie Ihre Zeit den richtigen Menschen in Ihrem Umfeld?
- Führen Sie produktive Gespräche?
- Sind Sie mit Ihren geselligen Aktivitäten zufrieden?

Wenn Sie zwei oder mehr dieser Fragen mit Nein beantwortet haben, heißt das, Sie leben noch nicht in Ihren guten zwanzig Prozent und sollten Ihre Prioritäten überdenken und strenger einhalten.

Hier nun einige Anregungen dazu, wie Sie sich auf das Wesentliche konzentrieren und alles Übrige weglassen können:

- Falls Sie selbstständig sind oder ein Geschäft betreiben: Welche zwanzig Prozent Ihrer Kundschaft erzeugen achtzig Prozent Ihres Umsatzes? Nachdem Sie diese zwanzig Prozent ermittelt haben, sollten Sie sich von den übrigen trennen und Ihre Energie auf die Pflege dieser wertvollen zwanzig Prozent konzentrieren.

- Welche zwanzig Prozent Ihres Besitzes bedeuten Ihnen am meisten, welche verwenden Sie im Alltag am häufigsten? Trennen Sie sich von dem Rest! Wenn Ihnen bei dieser Vorstellung mulmig wird, füllen Sie erst einmal eine Kiste mit Gegenständen, und holen Sie einen nach dem anderen heraus. Bestimmt werden Sie feststellen, dass Sie meist nur jeden fünften benutzen. Entsorgen, verschenken oder verkaufen Sie die achtzig Prozent, die Sie nicht benutzen.

- Welche der Menschen, zu denen Sie eine Beziehung unterhalten, machen Sie am glücklichsten? Verbringen Sie mehr Zeit mit ihnen, und entfernen Sie sich von den achtzig Prozent, die Ihnen weniger guttun.

- Welche zwanzig Prozent Ihrer Kleidung tragen Sie zu achtzig Prozent?

- Welche Ihrer Hobbys machen Ihnen am meisten Freude? Geben Sie die anderen auf, und konzentrieren Sie sich stärker auf die, die Sie mit Leidenschaft betreiben.

14. Station – Die Macht der Worte

Geben Sie Ihren Projekten denkwürdige Namen

Yubaba, die Hexe aus dem Film *Chihiros Reise ins Zauberland*, raubt all jenen, die sie versklaven will und die für immer in ihrem Badehaus arbeiten sollen, ihren Namen.

Die zehnjährige Chihiro, deren Name »tausend Geister« bedeutet, wird von Yubaba verhext und vergisst ihren Namen. Aber das Mädchen verliert nicht nur seinen Namen, sondern vergisst auch, was real ist und was nicht. Chihiros Erinnerungen verschwinden, ihre Persönlichkeit verändert sich, nach und nach verliert sie ihre Identität.

Die Handlung dieses Klassikers von Studio Ghibli mag ein wenig philosophisch und komplex erscheinen, doch sie birgt eine eindeutige Aussage: Sprache ist das, was uns Menschen ausmacht und uns von den Tieren unterscheidet. Hunde rufen einander nicht beim Namen, es ist der Mensch, der seinen Haustieren Namen gibt.

Programmieren Sie sich neu

Wenn Sie Ihre Lebenswirklichkeit ändern wollen, müssen Sie Ihre Sprache ändern, negative oder defätistische Ausdrücke daraus verbannen sowie solche, die Sie *entmachten*, weil sie Entscheidungen außerhalb Ihres Einflussbereichs, außerhalb des Hier und Jetzt verlegen.

Veränderungen in der Sprache beeinflussen unser Denken und somit auch unsere Taten und deren Folgen.

Hier einige Beispiele aus dem NLP, dem neurolinguistischen Programmieren:

STATT ZU SAGEN ...	SAGEN SIE LIEBER ...
Ich würde gern ... / Hoffentlich ...	Ich werde ...
Wenn ich ... könnte/hätte	Ich werde ...
Ich kann nicht ...	Ich lerne zu ...
Ich bin unfähig zu ...	Ich werde bald ...
Ich bin immer glücklich, wenn ...	Ich bin glücklich.

Die Erfahrungspyramide

Die Entstehung der Sprache war eine fundamentale Etappe in der Evolution; sie half dem Menschen, seinen Gedanken Ausdruck zu verleihen. Die Philosophen streiten noch darüber, ob man ohne Sprache denken kann oder nicht, bislang sind sie zu keinem Ergebnis gekommen. Fest steht jedoch, dass Sprache und Realität Hand in Hand gehen.

Hat etwas einen Namen, beginnt es in unserer Wirklichkeit zu existieren, hat es keinen, verflüchtigt es sich im Universum des Abstrakten und Unkonkreten. Deshalb raten wir Ihnen in diesem Buch auch bei vielen Übungen dazu, Listen aufzustellen und Ihre eigenen Ziele explizit zu benennen.

Ein persönlicher Vertrag

»Bei unserem *Ikigai*-Prozess, einer Methode, die es dem Betreffenden ermöglichen soll, in drei Sitzungen zu definieren, was er im Leben erreichen will, setzen wir in der dritten Sitzung gemeinsam einen Vertrag auf. Darin verpflichtet sich die Person, täglich, wöchentlich und auch langfristig bestimmte Handlungen durchzuführen. Sie setzt ihre Unterschrift unter den Vertrag, und ich setze meine daneben, als Zeuge der Vereinbarung.

Um die Wirkung des Vertrags zu verstärken, bitte ich meinen Vertragspartner zusätzlich, in den folgenden einundzwanzig Tagen – dem Zeitraum, der nötig ist, um eine Gewohnheit zu festigen – jeden Morgen die von ihm getroffene Vereinbarung zu lesen. Werden die darin festgelegten Handlungen drei Wochen lang durchgeführt, ist die entscheidende Veränderung gesichert.«

Francesc

Hirnforscher haben herausgefunden, dass wir etwas, was wir aktiv ausführen, viel leichter behalten und es uns daher zu konkretem Handeln anregt. Wenn wir etwas aufschreiben, geht die Botschaft ans Gehirn, dass es die entsprechende Handlung bereits ausführt.

Wie die Abbildung rechts zeigt, neigen wir dazu, siebzig Prozent von dem, was wir aufschreiben, auch durchzuführen. Somit ist das geschriebene Wort ein machtvolles Instrument zur Verwirklichung unserer Vorhaben.

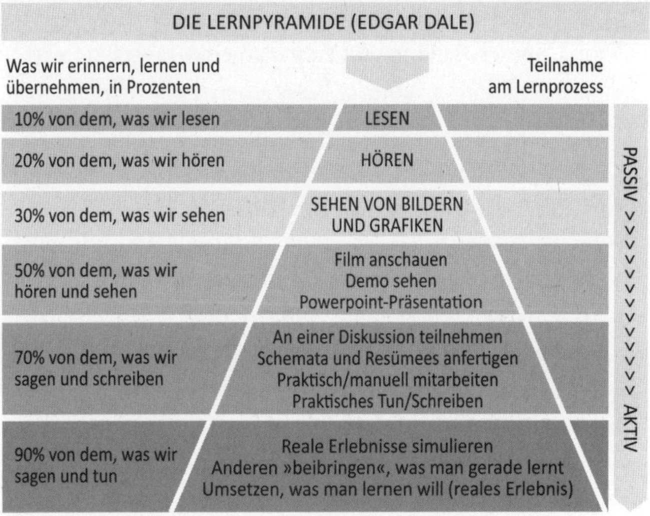

Wenn etwas einen Namen hat, existiert es für immer

Wenn Sie Ihr Lebensprojekt verwirklichen wollen, taufen Sie es. Wählen Sie einen klangvollen, attraktiven Namen, der Sie motiviert, daran zu arbeiten.

Es kann passieren, dass Sie den Namen im Verlauf des Projekts ändern wollen, weil es sich mittlerweile in eine andere Richtung bewegt. Kein Problem. Wichtig ist nur, dass Sie sich mit dem Namen identifizieren und Ihre Ideen so ordnen, dass eine innere Geschichte entsteht.

In der Werbebranche ist oft von »storytelling« die Rede, vom Erzählen einer hinter einem Produkt oder einer Firma steckenden Geschichte.

Und auf der ersten Seite einer Geschichte steht immer ihr Titel.

Der Titel einer Reise mit Freunden könnte beispielsweise »NEPAL SPIRIT« lauten. Das eingängige Wort »spirit« wirkt inspirierend und verleiht der Reise einen spirituellen Touch. Wenn wir in allen Phasen – während der Reisevorbereitungen, unterwegs und bei unserer Rückkehr – dieses Etikett verwenden, werden wir uns später sofort an die schönen Momente erinnern, sobald wir Sätze äußern wie »Erinnerst du dich noch, wie uns beim NEPAL SPIRIT dieser Mönch eingeladen hat, im Tempel zu übernachten …?«.

Zeniba, eine der Filmfiguren, die Chihiro helfen, ihren Namen zurückzubekommen und damit wieder zu existieren, sagt zu dem Mädchen: »Wenn sich einmal die Wege gekreuzt haben, vergisst man das nie. Es kann nur sein, dass man sich nicht daran erinnert.«

Da unsere Erinnerungen in einem verborgenen Winkel unseres Innern schlummern, müssen wir, um sie ins Gedächtnis zurückzuholen und Ideen daraus zu entwickeln, passende Worte benutzen, die gleichsam als Schlüssel zu neuen Welten fungieren.

Worte sind Zaubermittel, fähig, Erinnerungen zu wecken und neuronale Aktivitäten in Gang zu setzen, die uns kreativer machen. Deshalb ist es so wichtig, sich die Macht der Worte bewusst zu machen.

FINDEN SIE IHRE ZAUBERFORMEL

Die Benennung Ihrer persönlichen Projekte kann entscheidend dazu beitragen, Sie zu motivieren. Es ist nicht dasselbe, ob Sie morgens aufstehen und denken, Sie sollten heute ins

Fitness-Studio gehen, oder ob Sie sich sagen: »Heute tu ich etwas für meinen Da-Vinci-Body«, und dabei an Leonardo da Vincis perfekt proportionierten Menschen denken.

Da Worte Macht besitzen, schlagen wir Ihnen als nächste Übung vor, sich eine Zauberformel auszudenken, ein Wort, das Ihrem Projekt allein durch seinen Klang Kraft verleiht. Das könnte zum Beispiel der Name Ihrer Lieblingsband, Ihrer Lieblingsstadt, eines besonderen Kunstwerks oder eines Sterns sein.

Für jeden Lebensbereich, in dem Sie sich verbessern wollen, können Sie sich ein solches Power-Wort überlegen. Hier einige Beispiele:

- **Gesundheit/Fitness verbessern:** »Da-Vinci-Projekt«.
- **Beziehung auffrischen:** »Venezianische Nächte« (falls Sie Ihre erste romantische Reise nach Venedig gemacht haben).
- **Finanzen optimieren:** »Rockefeller-Projekt« (natürlich nur falls Sie Rockefeller schätzen; wählen Sie auf jeden Fall jemanden, den Sie als Finanzgenie bewundern, ob Aristoteles Onassis, Warren Buffett oder Bill Gates).
- **Einen Roman schreiben:** »Hemingway-Sitzung« (falls Sie Hemingway mögen und sich vorstellen können, beim Schreiben in die Haut dieses Schriftstellers zu schlüpfen).

Benutzen Sie diesen »Zaubernamen« so oft Sie können, erzählen Sie Ihren Freunden, Ihrem Partner oder Ihrer Partnerin davon. Und tragen Sie ihn in Ihren Terminkalender ein, um dem Projekt auf diese Weise größere Bedeutung zu verleihen: »Dienstag: da Vinci«.

Zweiter Teil

Reise durch unsere Vergangenheit

Die eigenen Ursprünge wiederentdecken und Erfahrungen als Sprungbrett nutzen

Aufbruch in der
ehemaligen japanischen Hauptstadt
Kyoto 京都

So wie der Gewinner eines Krieges die Macht besitzt, die Geschichte der Ereignisse aus seiner Sicht niederzuschreiben, so kann auch jeder Mensch bei der Eroberung seiner selbst seine eigene Vergangenheit positiv interpretieren. Die Erforschung unserer Ursprünge ist ein gutes Mittel, um unseren Wesenskern und unsere Kreativität ans Licht der Gegenwart zu holen und eine Zukunft voller Möglichkeiten zu planen.

An keinem Ort Japans ist die Geschichte des Landes noch so präsent wie in Kyoto. Hier schrieb Akashi Kakuichi Anfang des 14. Jahrhunderts den Klassiker *Heike Monogatari*. Er handelt von einem mit einer Liebesgeschichte verwobenen Kampf zwischen den Clans der Taira (die auch Heike genannt werden) und der Minamoto um die Vorherrschaft in Japan. Häufig wird er mit Homers *Ilias* verglichen.

Akashi Kakuichi verlor mit dreißig Jahren sein Augenlicht. Um seinen Lebensunterhalt zu verdienen, schloss er sich in Kyoto einer Gruppe von Musikern an, die sich die »Biwa-Mönche« nannten (die Biwa ist ein lautenartiges japanisches Instrument). Ähnlich wie die Troubadoure in Europa musizierten sie und trugen Sagen und Kriegsgeschichten vor.

Akashi Kakuichi beherrschte die Kunst des Rezitierens so hervorragend und war in Kyoto, der damaligen japanischen Hauptstadt, so beliebt, dass er dort zu großem Ruhm gelangte. Ein Jahr vor seinem Tod als Siebzigjähriger rezitierte er das Werk *Heike Monogatari* in Gegenwart seines Schülers Teiichi, der die Worte seines Meisters schriftlich festhielt. Das über achthundert Seiten umfassende Epos ist in Japan bis heute in allen Buchhandlungen erhältlich.

Wenn dieses alte japanische Epos, das einige der frühesten historischen Fakten des Landes enthält, von einem Mönch verfasst wurde, der die meiste Zeit seines Lebens blind war … kann dann sein Inhalt wirklich den Tatsachen entsprechen? Gewiss nicht, aber das spielt keine Rolle. Die *Heike Monogatari* werden ihrer großen Schönheit wegen auch heute noch gedruckt.

Schönheit siegt immer, sie überlebt die Zeiten. Deshalb lohnt es sich, in unserem Leben das Schöne zu bewahren.

Nach unserer in Tokio begonnenen futuristischen Reise im Geschosszug sind wir nun in Kyoto angekommen. In den alten Straßen von Fion hören wir eine junge Frau eine Biwa spielen, wie es einst, vor siebenhundert Jahren, auch Akashi Kakuichi tat. Sie trägt einen goldenen Kimono und kniet auf einem Tatami, hinter sich mehrere mit traditionellen japanischen Zeichnungen versehene Wandschirme. Sie ist keine Geisha; denn nicht alle jungen Frauen, die in Kyoto einen Kimono tragen, sind Geishas.

Beim Spielen fixiert die Lautenspielerin einen etwa zwei Meter vor ihr liegenden Punkt am Boden, als würde sie meditieren. Die Bewegungen ihrer Finger auf den Saiten lassen nicht die geringste Unsicherheit erkennen, gleiten anmutig und ohne Unterbrechung über die Saiten der Biwa, wie von überirdischen Kräften geführt. Die weiße Farbe der Finger und das bleich geschminkte Gesicht der jungen Frau verleihen ihr etwas Gespenstisches, sodass wir uns wie mit einer Zeitmaschine in die Vergangenheit versetzt fühlen.

Gegenwart und Vergangenheit sind in ewiger Wirklichkeit miteinander verwoben.

Der Bann wird erst gebrochen, als die Vorführung endet und die junge Frau ein Smartphone aus ihrem *Obi*, dem breiten Kimonogürtel, zieht.

Kyoto ist der Inbegriff der Verschmelzung von Vergangenheit und Gegenwart, in jedem Winkel dieser Stadt leben Moderne und Tradition harmonisch beisammen.

Auch in unserem Leben ist es wichtig, dass wir eine gute Beziehung zu unserer Vergangenheit haben, um zu voller Selbstverwirklichung zu gelangen. Wie bei Akashi Kakuichi kann eine schöne, positive Vergangenheitsdeutung unserer Gegenwart und Zukunft Kraft und unserem Leben einen neuen Sinn verleihen.

Wir alle haben einmal eine schlechte Beziehung, eine unbefriedigende Arbeit oder ein Projekt, das uns nichts gebracht hat, hinter uns gelassen und gedacht, wir hätten damit nur Zeit verloren. Ebenso gut können wir jedoch beschließen, einen Sinn darin zu sehen und die vermeintlich negativen Erfahrungen als wichtige Lehren für unser persönliches Wachstum zu betrachten.

Im zweiten Teil unseres Buchs werden wir eine Reihe von Verfahren und Methoden der Vergangenheitserforschung vorstellen, die uns helfen können, zu besseren Verfassern unserer *Lebensgeschichte* zu werden.

»Im Geläut der Gion-Shoja-Glocken
ertönt die Vergänglichkeit aller Dinge.«

Erster Satz der Heike Monogatari

15. Station – Kindergarten

Die Macht des Kindes wiedererlangen

Stellen Sie sich vor, Ihr Zug fährt nun durch Orte Ihrer Kindheit, die Sie schon fast vergessen haben. Wehmut mag Sie erfassen, vielleicht sogar Traurigkeit. Bisweilen überfällt uns dieses Gefühl auch, wenn wir eine Gruppe fröhlicher Kinder auf einem Spielplatz beobachten.

Woran liegt das? Kann es sein, dass spielende Kinder uns an Werte und Träume erinnern, von denen wir uns im Lauf der Jahre verabschiedet haben?

Damit unser Leben neue Impulse bekommt, ist es bisweilen nötig, dass wir uns, bevor es zu spät ist, Dinge wieder aneignen, die wir im Kindergarten zurückgelassen haben.

Watanabe, der Protagonist des Films *Einmal wirklich leben* (Ikiru, 生きる), eines der Meisterwerke von Akira Kurosawa, erfährt eines Tages, dass er Magenkrebs hat und ihm weniger als ein Jahr zu leben bleibt. Seine erste Reaktion ist die, sich mit einem befreundeten Schriftsteller zu verabreden, um sich mit ihm ins Tokioter Nachtleben zu stürzen und hemmungslos dem Rausch hinzugeben. In einem der Nachtklubs, durch die die beiden ziehen, bittet Watanabe den Pianisten, *Gondola no Uta* (Das Lied von der Gondel) zu spielen, und fängt selbst an zu singen:

Das Leben ist kurz,
verliebe dich,
bevor das leuchtende Rot
von deinen Lippen schwindet,

bevor die Fluten der Leidenschaft
in dir erkalten,
für die unter euch,
die kein Morgen kennen.

Steig in ihre Gondel,
bevor die Farbe ihrer Wangen verblasst,
für die unter euch,
die nie mehr herkommen werden.

Bevor die Gondel sich in den Wellen verliert,
bevor die Hand auf deiner Schulter
gebrechlich wird,
für die unter euch, die nie wieder
hier sein werden.

Bevor die Flamme in euren Herzen
flackert und stirbt,
für die unter euch, zu denen
kein Heute mehr kommen wird.

Dieses Lied erinnert ihn an die Kürze des Lebens und daran, wie wichtig es ist, seiner Leidenschaft zu folgen, geleitet vom Leuchtturm *Ikigai*. Genau das hat Watanabe in all den Jahren, die er einer ungeliebten Arbeit nachgegangen ist, nicht getan.

Von diesem Augenblick an nimmt sein Leben einen neuen Kurs. Watanabe gibt seinen Büroalltag auf und setzt sich mit der ihm verbleibenden Energie dafür ein, dass auf einem Stück Brachland in seinem Viertel ein Kinderspielplatz angelegt wird. Die letzten Monate seines Lebens widmet er dem Kampf gegen die Widerstände der staatlichen Bürokratie, damit dieser Spielplatz entsteht, der Schaukeln haben soll wie die, von denen er als kleiner Junge immer geträumt hat.

Der Film endet damit, dass Watanabe sein Werk betrachtet und noch einmal *Gondola no Uta* singt.

Träume zum Leben erwecken

Mitunter kommt man im Leben ein großes Stück voran, wenn man etwas, wovon man als Kind geträumt hat, wahr werden lässt.

Schaffen Sie es, Ihre kindlichen Wünsche wieder ans Licht zu holen? Der erste Schritt zur Wiederbelebung des Besten in Ihnen könnte darin bestehen, *alles aufzuschreiben, was Sie einmal sein und machen wollten.*

Denn im Grunde verbergen sich in dem, was uns als Kinder begeistert hat, viele Hinweise auf das, was wir wirklich sind, auf unser *Ikigai* und unser ureigenes Potenzial.

Der kindliche Geist ist noch frei von den Zwängen, denen wir als Erwachsene, sobald wir uns in die Gesellschaft einfügen, nicht mehr entkommen. Diese innere Freiheit ist ein kraftvoller Kreativitätsmotor.

Genau wie Watanabe erhielt auch Randy Pausch, Informatikprofessor an der Carnegie Mellon University, die schreckliche Nachricht, dass eine Krebserkrankung sein Leben früher als erwartet beenden würde. Seine Abschlussvorlesung an der Universität, die wir bereits auf Seite 111 erwähnt haben, hielt er zum Thema *Erfüllung von Kindheitsträumen.* Die Zuhörer waren von seinen Worten so tief berührt, dass der Vortrag später als Buch veröffentlicht wurde: *Last Lecture: Achieving Your Childhood Dreams* (dt. *Last Lecture, Die Lehren meines Lebens).* In seiner Rede sprach Randy Pausch davon, wie sehr es ihn bedrücke, noch vor seinem fünfzigsten Geburtstag aus dem Leben scheiden zu müssen, aber auch davon, wie glücklich und zufrieden er sei, dass er seine Kindheitsträume wahr gemacht habe. Er schilderte diese Träume und riet allen Studenten, es ihm gleichzutun und auf ihr kindliches Herz zu hören, um wieder an das Unmögliche zu glauben.

»Stell dir vor, wie viel besser die Welt wäre, wenn wir alle – die ganze Welt –, jeden Nachmittag um drei Uhr Kekse und Milch bekämen und uns dann zum Mittagsschlaf in unsere Decken rollen könnten. Oder wenn alle in unserem Volk und in anderen Völkern sich daran hielten, Dinge an ihren Ort zurückzulegen und die eigene Unordnung zu beseitigen. Und nach wie vor gilt für alle Altersgruppen: Wenn man in die Welt hinausgeht, ist es das Beste, sich gegenseitig an der Hand zu nehmen und zusammenzubleiben.«

Robert Fulghum

Zurück in den Kindergarten

An den Orten unserer Kindheit haben wir jedoch nicht nur Träume zurückgelassen, sondern auch elementare Lektionen, die unter dem Staub der Tage und der Verpflichtungen verborgen liegen.

Wie Watanabe im Film *Einmal richtig leben* stellte 1988 ein Lehrer aus Seattle fest, dass der Schlüssel zum Glück und zu einem nach den eigenen Vorstellungen gelebten Leben womöglich schlicht und einfach darin liegt, *das*

Leben zu genießen und seiner Freude freien Lauf zu lassen. Er blickte zurück auf seine Vergangenheit, erinnerte sich an die Dinge, die er im Kindergarten und in der Schule gelernt hatte, und ihm wurde klar, wie sehr diese Dinge ihm in seinem erwachsenen Leben halfen. Seine Gedanken dazu hielt er in einem schmalen Büchlein fest: *Alles, was du wirklich wissen mußt, hast du schon als Kind gelernt.*

Nie hätte Robert Fulghum geglaubt, dass sein kleiner Essay zu einem Bestseller mit sieben Millionen verkauften Exemplaren werden würde.

Bevor er Theologie studierte und Lehrer wurde, hatte er alle möglichen Jobs gemacht, vom Deicharbeiter bis zum Countrysänger. Vielleicht waren es aber sein stets neugieriger Geist und seine Bescheidenheit, die es ihm erlaubten, seinem inneren Kind wieder zu begegnen und vielen anderen Erwachsenen zu helfen, die Energie der Kindheit in ihr Leben zurückzuholen.

In kleinen Geschichten, deren Hauptfiguren Kinder, Tiere und allzu erwachsene Nachbarn sind, ruft uns Fulghum ein paar der wichtigsten Dinge in Erinnerung, die wir einst im Kindergarten gelernt haben:

- Teile alles.
- Spiele fair.
- Leg die Dinge dorthin zurück, wo du sie gefunden hast.
- Entschuldige dich, wenn du jemandem wehgetan hast.
- Lebe ein ausgewogenes Leben, lerne etwas und denke etwas und zeichne und male und singe und tanze und spiele und arbeite jeden Tag etwas.

- Wenn du in die Welt hinausgehst, achte auf den Verkehr, haltet euch an den Händen und bleibt zusammen.
- Bleib offen für das Wunderbare. Erinnere dich an das kleine Samenkorn im Glas: Die Wurzeln wachsen nach unten, die Pflanze nach oben, und keiner weiß wirklich, wie oder warum das so ist, aber wir alle sind dem Samenkorn ähnlich.
- Goldfische, Hamster und weiße Mäuse und sogar das kleine Samenkorn im Glas, sie alle sterben.
- Auch wir.
- Und dann erinnere dich an die ersten Worte, die du gelernt hast, und an das größte aller Wörter: Da!

Im »Da!« der Kinder liegt das Samenkorn des Schönsten, was der menschliche Geist besitzt, eine Kraft, die es uns erlaubt, die Welt zu entdecken, von neuen Abenteuern zu träumen und sie zu verwirklichen.

BRINGEN SIE IHR INNERES KIND AUF TRAB

Bei dieser Übung brauchen Sie nur in Ihre Vergangenheit zurückzublicken und sich mit einem Stift in der Hand die Frage zu stellen: *Welche drei Kindheitsträume habe ich noch nicht verwirklicht?*

1. ____________________

2. ____________________

3. ____________________

Überlegen Sie nun, wie Sie diese Träume realisieren könnten. Wenn Sie zum Beispiel Filmregisseur werden wollten und jetzt in einer Werbeagentur arbeiten, wäre es vielleicht möglich, dass Sie parallel dazu an einem Filmprojekt arbeiten (selbst wenn Sie nur am Wochenende Zeit dafür haben), um Ihren einstigen Traum zu verwirklichen. Vielleicht könnten Sie auch andere Leute zur Mitarbeit an Ihrem Projekt bewegen.

Um die verschiedenen in Ihrer Fantasie auftauchenden Vorhaben auf den Weg zu bringen, notieren Sie zu jedem einzelnen drei Dinge, die Sie tun könnten, damit es Gestalt annimmt. Legen Sie auch jeweils den Start der Unternehmung fest:

Traum I

(1) ____

(2) ____

(3) ____

Beginn des Abenteuers: ____________________________

Traum II

(1) ____

(2) ____

(3) ____

Beginn des Abenteuers: ____________________________

Traum III

(1) ____

(2) ____

(3) ____

Beginn des Abenteuers: ____________________________

16. Station – Nostalgie

Zurück zur Quelle des Glücks

Als Antoni Gaudí nach dem Geheimnis der Originalität seiner Bauten gefragt wurde, antwortete er: »Originalität besteht in der Rückkehr zu den Ursprüngen.« Und ein Songwriter aus Valencia ergänzte diese Worte durch den Satz: »Wer seinen Ursprung verliert, verliert seine Identität.« In diesem Sinne kann ein Blick auf das, was wir einmal waren, und sogar weiter zurück auf unsere Vorfahren, uns helfen zu verstehen, was wir sind, und vor allem, was wir sein könnten.

Ein Grundgefühl

Der Film *Alles steht Kopf (Inside Out)*, eine der genialen Produktionen des Trickfilmstudios Pixar, erklärt uns auf liebevolle und amüsante Weise, mit welchen Basisemotionen wir Menschen geboren werden und wie sich diese, indem sie sich überlagern und vermischen und in schwierigen Momenten unseres Heranwachsens manifestieren, zu komplexen Gefühlen entwickeln können.

Zu unseren Hauptgefühlen zählt ohne Zweifel die Traurigkeit. Sie tritt in unterschiedlichen Varianten auf, die es zu differenzieren gilt. Melancholie oder Nostalgie erweisen sich zum Beispiel gerade bei der schöpferischen Arbeit mitunter als gute Verbündete.

Obwohl das Gefühl der Traurigkeit uns eher negativ erscheinen mag, haben wissenschaftliche Studien gezeigt, dass etwa die Nostalgie aufgrund ihrer Verknüpfung mit Erinnerungen und einstigen positiven Gefühlen für unsere seelische Gesundheit und das Streben nach der Erfüllung unserer Ziele von Nutzen sein kann.

Um uns mit anderen verbunden zu fühlen

»Nostalgische Erinnerungen sind in der Regel sozialer Natur, und sich diesen Erinnerungen hinzugeben, steigert in uns das Gefühl der Verbindung mit anderen Menschen. Nostalgie ist daher eine wirksame kompensatorische Strategie (…). Wenn jemand sich einsam oder ausgeschlossen fühlt, hilft ihm die Nostalgie, das Gefühl der Verbundenheit zurückzugewinnen.«

Clay Routledge

Einige kürzlich an der Universität Southampton durchgeführte Studien ergaben, dass Nostalgie sogar den Optimismus verstärken kann. Die Erinnerung an glückliche, stabile Zeiten und an geliebte Menschen kann uns in kritischen Momenten helfen, indem sie uns ins Gedächtnis ruft, dass wir die Fähigkeit haben, unsere Ziele zu erreichen, und liebens- und schätzenswerte Menschen sind.

Insofern dient Nostalgie nicht nur dazu, positiv an Vergangenes zurückzudenken, sondern hilft uns auch, uns unserer Zukunft zu stellen, uns Ziele zu setzen und zu entscheiden, was wir im Leben erreichen wollen und was nicht.

Eine Glücksreserve zum Mitnehmen

Der Mensch ist so gut beschaffen, dass er nicht nur Fettreserven anlegen und sie bei Energiebedarf verbrennen kann, sondern auch über Glücksreserven in Form angenehmer Erinnerungen verfügt, die ihn in Momenten der Niedergeschlagenheit aufbauen können.

Wenn Sie sich das nächste Mal traurig, unfähig oder allzu empfänglich für alle Übel dieser Welt fühlen, rufen Sie sich einen glücklichen Moment in Ihrem Leben in Erinnerung. Suchen Sie nach den Düften der Kindheit – vielleicht Zimt oder Vanille –, um sich in frühe Jahre zurückzuversetzen. Schmiegen Sie sich in Gedanken wieder in die liebenden Arme Ihres Vaters.

Sofort werden Sie merken, dass Sie sich besser und stärker fühlen, eher bereit, freundlich und hilfsbereit auf andere Menschen zuzugehen … Denn nun verspüren Sie den Wunsch, sich neue Erinnerungen zu schaffen, die Sie später mit jenen sanften nostalgischen Gefühlen abrufen können, welche uns dazu animieren, bessere Menschen zu werden.

PERSÖNLICHE ARCHÄOLOGIE

Schauen Sie sich alte Fotos oder Reisesouvenirs an, holen Sie Ihre Tagebücher hervor, oder schließen Sie einfach die Augen und blicken zurück. Was waren die Highlights in Ihrem Leben? In welchen Momenten waren Sie besonders glücklich und hatten das Gefühl, sich verwirklicht zu haben?

1. ______________________________

2. ______________________________

3. ______________________________

4. ______________________________

5. ______________________________

Nachdem Sie diese glücklichen Erinnerungen ausgegraben und aufpoliert haben wie ein Archäologe seine Fundstücke, überlegen Sie sich, welches gegenwärtige Projekt entsprechende Gefühle in Ihnen auslösen könnte.

Und dann starten Sie ins Abenteuer. Tun Sie es Ihren künftigen Erinnerungen zuliebe.

17. Station – Freundschaft

Umgeben Sie sich mit guten Freunden

In seinem beeindruckenden Buch *In eisige Höhen (Into Thin Air)*, in dem Jon Krakauer von einer Katastrophe erzählt, die er am Mount Everest mit einer Gruppe unzureichend vorbereiteter Bergsteiger erlebt hat, sinnt der US-amerikanische Autor darüber nach, wie wichtig die Wahl der richtigen »Seilgenossen« ist, um nicht irgendwann in die Tiefe gerissen zu werden.

Auch in unserem Alltag mit seinen Steilhängen und Abgründen müssen wir diesen Gedanken stets im Kopf behalten. Wenn wir unser *Ikigai* leben und unsere Ziele erreichen wollen, sollten wir uns mit vertrauten Menschen umgeben, die uns helfen können, unsere Gipfel zu erstürmen, weil wir uns in Augenblicken der Gefahr auf sie verlassen können.

Emotionale Ansteckung

»Wir alle sind von Menschen umgeben, die uns schon nach kurzer Zeit ihre Energie vermitteln, mit denen wir uns wohlfühlen, ohne genau zu wissen, warum. Es gibt aber leider auch Menschen, die uns, wenn wir mit ihnen zu tun haben, deprimieren, traurig stimmen und uns unsere Energie rauben. Das liegt daran, dass wir tagtäglich und bei etlichen Gelegenheiten von den Gefühlen anderer Menschen angesteckt werden.«

Ferran Ramon-Cortés

Seilgenossen

Bei der Zusammenstellung unseres idealen Teams können wir wie bei einem Casting zunächst bestimmte Personen ausschließen. Denn für die Umsetzung unseres *Ikigai* wären solche Menschen schlechte »Seilgenossen«, die

- sich ständig beklagen und andere kritisieren (mit Sicherheit wären auch wir Gegenstand ihrer Kritik) und uns auf diese Weise mit ihrer Negativität anstecken,
- uns zu viel Zeit rauben, weil sie uns laufend um irgendeinen Gefallen und um Aufmerksamkeit bitten,
- uns im Stich lassen, wenn wir sie am meisten brauchen.

Sie zu erkennen, ist nicht schwer, da wir uns nach einem Zusammensein mit ihnen meistens erschöpft, gereizt oder mutlos fühlen, also schlechter als vorher.

Überdies hat es einen großen Vorteil, diese Personen zu ermitteln und sich langsam von ihnen zu distanzieren: Wir gewinnen Zeit, die wir mit einem kleineren, angenehmeren Freundeskreis verbringen können.

Sage, mit wem du am meisten zusammen bist, und ich sage dir, wo du stehst

Vor einigen Jahrzehnten wurde der US-amerikanische Unternehmer Jim Rohn durch einen Vortrag berühmt, der auf folgendem Gedanken aufbaute: Du bist der Durchschnitt der fünf Personen, mit denen du die meiste Zeit verbringst. Damit meinte er, dass unsere »Seilgenossen«, ganz gleich auf welchem Gebiet, mehr oder weniger unser Maß an Glück oder Effizienz anzeigen.

Auch Álex Rovira erwähnt in seinem jüngsten Buch diese Einschätzungsmethode, die uns sehr nützlich erscheint für die Bildung jenes Teams, das uns bei der Verwirklichung unseres *Ikigai* begleiten wird. So wie der Erfolg einer Expedition von der Gesamtheit der Stärken und Talente ihrer Teilnehmer abhängt, so wird auch unser Alltag von den Personen beeinflusst, mit denen wir die meiste Zeit verbringen.

Jim Rohn behauptet zum Beispiel, dass sich, wenn wir auf einer Skala von 1 bis 10 das Maß an Lebensfreude jener Personen festhalten, mit denen wir die meiste Zeit verbringen, aus dem Durchschnittswert das Maß unserer eigenen Lebensfreude ergibt.

Stellen Sie sich also vor, Sie kommen in Ihrer »Clique« in puncto Lebensfreude auf die Werte 9, 8, 8, 2 und 3. Der Durchschnittswert beträgt 6, was bedeutet, dass Sie nur mäßig zufrieden leben. Wollen Sie eine »bessere Note« erzielen, sollten Sie sich nicht mehr so oft mit denen treffen, die nur auf 2 oder 3 Punkte kommen, sondern eher mit positiver eingestellten Menschen. Das wird Ihr tägliches Maß an Lebensfreude sofort anheben.

Der Kommunikationsexperte Ferran Ramon-Cortés, Verfasser von Ratgeberbüchern wie *La isla de los 5 faros* (was »Die Insel der 5 Leuchttürme« bedeutet), glaubt, dass unser seelisches Gleichgewicht von den Gefühlen abhängt, die wir im Tagesverlauf mit anderen austauschen.

»Die bewusste Erkenntnis, dass es so etwas wie emotionale Ansteckung gibt«, schreibt er, »kann zu einer Hundertachtzig-Grad-Wende in unseren Beziehungen und in unserem Leben führen. (...) Wir alle sind lieber mit Leuten in Kontakt, die ›unsere Batterie aufladen‹, als mit solchen, die uns Energie rauben. Wenn wir uns bewusst dafür entscheiden, womit wir andere ›anstecken‹ wollen, wird uns das nicht nur bessere Beziehungen, sondern auch bessere Reisebegleiter bescheren.«

Die folgende Übung kann uns helfen, in dieser so wesentlichen Lebensfrage die richtigen Prioritäten zu setzen.

SEINEN FREUNDESKREIS ERNEUERN

Wenn wir unsere Freundschaften verstehen und unseren Freundeskreis neu ordnen wollen, sollten wir uns erst einmal die einzelnen Beziehungen anschauen und uns fragen, was sie uns bringen.

Eine Einteilung in die folgenden zwei Kategorien kann dabei von Nutzen sein:

1. Freunde, die mich immer oder fast immer optimistisch stimmen und mir positive Energie vermitteln, die sich ernsthaft Gedanken um mein Leben machen und zu denen ich Vertrauen habe.

   ____

   ____

   ____

2. Menschen, die immer oder fast immer von sich selbst reden, die häufig um einen Gefallen bitten, überwiegend negativ vom Leben sprechen, oder mit denen ich mich

eher aus Pflichtgefühl treffe, ohne dass mir das Zusammensein besondere Freude bereitet.

____

____

____

Nachdem Sie Ihre Freunde auf diese beiden Gruppen verteilt haben, folgt die wichtige Frage:

Welcher Gruppe gehören die fünf Personen an, mit denen ich die meiste Zeit verbringe? ______________________

Machen Sie diese Übung von Jim Rohn unter dem Gesichtspunkt der Lebensfreude oder eines anderen Aspekts in Ihrem Leben, den Sie stärken möchten. Sollten Sie merken, dass er durch »Spannungen« mit einem Ihrer Freunde geschwächt wird, erwägen Sie, sich von dem Betreffenden zu distanzieren, und suchen Sie sich einen »Experten« in der Materie, um die Punktzahl zu steigern.

18. Station – Rückblick

Verbinden Sie die Punkte

In seiner berühmten Rede vor den Absolventen der Stanford University sagte der Apple-Geschäftsführer Steve Jobs: »Man kann die Punkte nicht verbinden, wenn man sie vor sich hat. Man kann sie nur im Nachhinein verbinden. Man muss also darauf vertrauen, dass sich die Punkte irgendwann einmal zusammenfügen. Man muss an etwas glauben – Intuition, Schicksal, Leben, Karma, was auch immer. Der Glaube daran, dass die Punkte sich irgendwann verbinden werden, wird einem das nötige Selbstvertrauen geben, um dem eigenen Herzen zu folgen, selbst wenn es aussieht, als liefen die Dinge nicht besonders gut. Diese Haltung hat mich noch nie enttäuscht, sie hat mein Leben entscheidend geprägt.«

Die Zukunft ist ein Zug, dessen Fahrtziel wir nicht immer kennen. Wenn wir im Leben eine neue Reise antreten, fühlen wir uns in der Regel unsicher und ängstlich; denn wir wissen nicht, ob das, was wir heute tun, sich morgen als sinnvoll erweisen wird oder nicht.

»Man kann das Leben nur rückwärts verstehen,
aber leben muss man es vorwärts.«

Søren Kierkegaard

In seiner Zeit als Student wusste Steve Jobs nicht, was er mit seinem Leben anfangen sollte. Als er eines Tages einen Kalligrafie-Kurs belegte, hätte er sich nicht träumen lassen, dass dieser ihm einmal helfen würde, das Betriebssystem mit dem besten Schriftart-Rendering auf dem Markt zu entwerfen.

Laut Steve Jobs dürfen wir keine Angst davor haben, unserem Instinkt zu folgen, solange wir uns von unserem *Ikigai* leiten lassen, dem, was uns anhaltend begeistert.

Selbst wenn uns höchst mulmig zumute ist, wir sogar große Angst haben, sollten wir darauf vertrauen, dass die Dinge eines Tages einen Sinn ergeben werden. Natürlich muss uns nicht alles im Leben von Nutzen sein. Häufig landen wir in Sackgassen, machen Fehler, scheitern. Und doch, im Nachhinein erweisen sich all diese Erfahrungen als Lebenslehren, die uns bei unserem persönlichen Wachstum weiterhelfen können.

Unvermeidliche Umwege können mitunter sogar die beste Gelegenheit sein, den schönsten Teil des Weges kennenzulernen. Vieles, was wir dort entdecken, wo wir gar nicht hinwollten – siehe Columbus, der überraschend in Amerika landete –, belohnt uns letztlich mehr als das ursprüngliche Ziel.

VERBINDEN SIE DIE PUNKTE IHRER VERGANGENHEIT

Um den Weg, den Sie bisher zurückgelegt haben, und den, der in Ihre Zukunft führen soll, zu verstehen, beantworten Sie zunächst folgende Fragen:

1. Was war in Ihrem Leben der letzten fünf Jahre das wichtigste Ereignis?

2. Was ist vorher passiert? Welche Menschen, welche Ihrer Handlungen und welche anderen Dinge haben dazu geführt, dass es in Ihrem Leben zu diesem Ereignis kam?

3. Was ist danach passiert?

Verbinden Sie die Antworten auf diese drei Fragen, und schreiben Sie die Geschichte der letzten fünf Jahre Ihres Lebens auf. Dabei sollte der Fokus darauf liegen, auf welche Art und Weise die wesentlichen Punkte, die Ihr heutiges Leben bestimmen, miteinander verknüpft sind:

Überlegen Sie sich nun, wie Sie in der Gegenwart neue Punkte erzeugen können, die Ihre Zukunft gestalten werden:

- Welcher Sache widmen Sie derzeit die meiste Zeit und Kraft? Wissen Sie, was diese Sache Ihnen in der Zukunft bringen wird?

  ____

  ____

  ____

- Gibt es etwas, was Sie schon lange machen wollen, wovor Sie aber aus Angst zu versagen oder weil Sie befürchten, dass es Ihnen nichts bringen wird, zurückschrecken?

  ____

  ____

  ____

Versuchen Sie, sich für eine überschaubare Zeit dieser Sache zu widmen, und seien Sie nicht deprimiert, wenn Sie nicht gleich Erfolge sehen. Am Ende werden die Punkte sich verbinden, und alles wird einen Sinn ergeben.

19. Station – Analog

Wie man eine digitale Diät macht

Seit dem Wirtschaftswunder der Sechzigerjahre ist Japan für seine technologischen Fortschritte, nicht zuletzt die Entwicklung des ersten Hochgeschwindigkeitszuges, bekannt. Zugleich schätzen die Japaner qualitativ hochwertige Produkte und nehmen sich für alles die nötige Zeit.

Deshalb ist es ihnen auch wichtig, sich hin und wieder für eine Weile dem hektischen Treiben zu entziehen und ihr Leben nach dem Motto *»Slow down«* – *»Mach langsam«* zu entschleunigen.

Zurück zur Filmrolle

In Japan werden nach wie vor traditionelle Fotoapparate mit Filmrollen verwendet. Läuft man durch den Park Shinjuku Gyoen, sieht man neben den vielen Benutzern von Handys und Digitalkameras auch Leute, die das Erlebnis des analogen Fotografierens und das damit verbundene spannende Warten auf das entwickelte Bild genießen wollen.

Viele große japanische Fotografen arbeiten noch immer mit klassischen Kameras. Diejenigen, die den Schritt zur Digitalfotografie gemacht haben, wie zum Beispiel der legendäre Daidō Moriyama, schalten bei ihren Geräten das Display aus, um das Gefühl des Fotografierens mit einer Analogkamera zurückzugewinnen.

Es ist nicht dasselbe, ob man als Tourist dreihundert Handyfotos am Tag schießt oder mit einer Kamera mit

36er-Film unterwegs ist, die einen dazu zwingt, die Motive gut auszuwählen.

Ist ein Handyfoto nicht besonders gelungen, macht man einfach noch zehn weitere, wodurch sich natürlich eine Menge »Müll« im Archiv ansammelt. Hat man dagegen eine Filmrolle im Apparat, schaut man sich den Ort erst einmal genau an und überlegt sich, was man festhalten will, bevor man zur Tat schreitet, ähnlich wie ein Dichter vor dem Niederschreiben seines *Haiku*.

Die analoge Fotografie lässt einem wie jede handwerkliche Kunst Zeit, nachzudenken und den Vorgang zu genießen. Man ist entspannter und fühlt sich stärker beteiligt, was später auch auf dem Foto sichtbar wird.

Alles, was uns hilft, mentalen Raum zu schaffen, um unsere kreative Energie freizusetzen, ist gut für unser *Ikigai*.

Das Beispiel der Technologiepäpste

Obwohl die Technologie uns in vielen Bereichen das Leben erleichtert und zum zivilisatorischen Fortschritt beigetragen hat, dominiert sie uns auch und hat eine Abhängigkeit von Geräten geschaffen, denen wir inzwischen mehr vertrauen als unseren Sinnen.

Zahlreiche Studien belegen, dass die Abhängigkeit von digitalen Technologien, insbesondere bei Jugendlichen, die vielfach süchtig nach Videospielen und sozialen Netzwerken sind, zu Depressionen, Arbeitsunfähigkeit und sogar Selbstmord führen kann. Inzwischen wundert es uns schon nicht mehr, dass für die meisten Menschen der erste und letzte Akt des Tages ein Blick aufs Handy ist: Es könnte ja eine Nachricht eingegangen sein.

Nur wenige von uns versuchen sich bewusst der neuen Droge zu entziehen. Deren negative Auswirkungen haben dazu geführt, dass sich mittlerweile sogar die Technologiepäpste von ihren eigenen Kreationen distanzieren, weil sie erkannt haben, wie wichtig eine Rückkehr zu dem Leben ist, das wir noch bis vor wenigen Jahren geführt haben, und dass wir uns wieder angewöhnen müssen, von Angesicht zu Angesicht mit unseren Mitmenschen zu kommunizieren.

Sogar Steve Jobs beschränkte bei sich zu Hause den Gebrauch digitaler Geräte, und seine Kinder bekamen erst spät ein iPad. Chris Anderson, früherer Herausgeber des Technik-Magazins *Wired*, heute Chef einer Firma, die Drohnen herstellt, versicherte Nick Bilton von der *New York Times*, lieber nähme er Streit mit seinen Kindern in Kauf, als sie zu viel Zeit mit dem technologischen Schnickschnack verbringen zu lassen, für den er selbst wirbt:

»Meine Kinder werfen mir und meiner Frau vor, Faschisten und überängstlich im Hinblick auf Technik zu sein, und sie sagen, dass keiner ihrer Freunde die gleichen [strengen] Regeln zu befolgen habe.« Seine Strenge erklärt der Technologiefachmann gegenüber der *New York Times* folgendermaßen: »Der Grund ist, dass wir die Gefahren der Technologie selbst mit eigenen Augen gesehen haben. Ich habe es bei mir gesehen, und ich möchte nicht, dass das Gleiche mit meinen Kindern geschieht.«

Digitale Diät

Die Nutzung digitaler Technologie zu reduzieren, ist gar nicht einfach, da sie mittlerweile in alle Bereiche unseres Lebens Eingang gefunden hat. Aber *eine Entgiftung ist möglich*, versichert ein anderer Experte auf dem Gebiet, Daniel Sieberg, Marketing-Manager bei Google.

In seiner beachtlichen und gefeierten Fernseh- und Internetkarriere hat dieser Kommunikationsguru am eigenen Leib den Druck erfahren, den die Medien im täglichen Leben auszuüben vermögen, nicht nur im Beruf, sondern auch im Privatleben: »Wir machen uns zwar ständig Gedanken darüber, was wir essen und trinken, hinterfragen aber nur selten, wie sich dieses konstante Eintauchen in die Technologie auf uns auswirkt. Damit sollten wir uns befassen. Gadgets und Netze tragen keine Lebensmittelkennzeichnung. Niemand reguliert die Menge an Technologie, die wir aufnehmen, oder erklärt uns, welche Folgen sie für uns hat.«

Aus diesem Grund und Bezug nehmend auf seine eigenen Erfahrungen in Beruf und Privatleben hat er das Buch *The Digital Diet* (also »Die digitale Diät«) geschrieben. Darin warnt er vor den Gefahren, denen wir ausgesetzt sind, und gibt einige Tipps für den schrittweisen Abbau eines Übermaßes an Technologie.

Siebergs Ratschläge für eine gesunde digitale Diät lauten folgendermaßen:

1. Machen Sie sich klar, welche Auswirkungen die Technologie auf uns und unsere Gesellschaft hat, und nehmen Sie dies als Ansporn, um ein, zwei Tage ganz ohne digitale Geräte zu verbringen und zu schauen, was passiert.

2. Achten Sie darauf, wie viel Technologie Sie täglich »konsumieren«. Wie viele Geräte haben Sie, wie oft benutzen Sie sie, und wie abhängig sind Sie von ihnen?

3. Gewöhnen Sie sich nach und nach an einen kontrollierten digitalen Konsum und ergänzen ihn durch reale, enge Beziehungen zu den Menschen, die Sie gern haben.

4. Perfektionieren Sie die neue technologische Diät, indem Sie mehr Wert auf Qualität als auf Quantität legen und einen verantwortungsvollen, die Lebensqualität steigernden Konsum praktizieren.

Es geht nicht darum, meint Sieberg, dass wir die Technologie verachten und uns von all unseren Gadgets trennen sollen, sondern darum, dass wir uns mit ihr anfreunden, dass wir uns nicht länger von ihr dirigieren lassen, sondern sie uns zunutze machen.

»Es wird Zeit, dass wir mit der Technologie
Frieden schließen, statt Krieg gegen sie zu führen.
Hasse dein Handy, deine Mailbox und deine Webdienste
nicht. Binde sie in deinen Alltag ein und zähme sie so,
dass du derjenige bist, der über sie bestimmt.
Sie sind dir zu Diensten.«

Daniel Sieberg

Wie jede Diät ist auch die digitale Diät nichts für Zaghafte und Unentschlossene. Wenn wir sie indes streng befolgen, werden wir merken, wie gut wir auch so in unserer modernen Welt zurechtkommen. Und eines Tages werden wir überrascht und kopfschüttelnd auf jene blicken, die immer noch Sklaven einer äußerst schädlichen Lebensweise sind.

ANALOGE GEWOHNHEITEN ZUR ENTSPANNUNG VON KÖRPER UND GEIST

Die Langsamkeit des Analogen ermöglicht es uns, nachzudenken, zu entspannen und zu genießen, was wir tun. Von Zeit zu Zeit auf herkömmliche Techniken zurückzugreifen, hilft unserer Psyche, sich vom permanenten Alarmzustand auszuruhen, dem Gefühl, wir müssten immer sofort auf die neueste Nachricht reagieren, die in unserer Tasche vibriert.

Hier ein paar Ideen, wie Sie gesunde »analoge« Gewohnheiten in Ihren Alltag integrieren können:

1. Falls Sie nur E-Books lesen, kaufen Sie sich von Ihrem Lieblingsschriftsteller einen Roman in Papierform.
2. Benutzen Sie zum Notizenmachen ausschließlich Apps? Besorgen Sie sich ein kleines Notizbuch, das in Ihre Tasche passt, und tragen Sie es immer bei sich.
3. Kaufen Sie sich eine Analogkamera, und nehmen Sie nur diese auf Ihre nächste Reise mit. Bevor Sie ein Foto machen, atmen Sie tief durch, nehmen Sie den Augenblick bewusst wahr und halten auch das, was Sie gerade empfinden, in der Aufnahme fest. Bringen Sie den Film zum Entwickeln, und treffen Sie sich dann mit Ihren Reisegefährten auf einen Kaffee, um sich gemeinsam die Bilder anzuschauen.
4. Machen Sie Textarbeit am Computer? Drucken Sie Ihren Text aus, und überarbeiten Sie ihn mit einem Stift. Beim Lesen auf Papier werden Sie Fehler bemerken, die Sie am Bildschirm aufgrund seiner hypnotischen Wirkung übersehen haben. Vielleicht kommen Ihnen dabei auch neue

Ideen, was nicht unbedingt der Fall ist, wenn man unter Zeitdruck am Computer arbeitet und in jeder Sekunde eine Antwort auf die letzte versandte E-Mail erwartet.

4. Kaufen Sie sich einen Plattenspieler. Allein der Akt, eine Schallplatte aus der Hülle zu ziehen, sie aufzulegen und vorsichtig die Nadel aufzusetzen, fördert Ihr bedächtiges Handeln und lenkt die Gedanken auf die Musik, die man gleich hören wird. Die Tatsache, dass Sie nach fünf oder sechs Stücken die Platte umdrehen oder eine andere auflegen müssen, können Sie, ähnlich wie bei der Pomodoro-Technik, die wir in Kapitel 12 vorgestellt haben, für Pausen nutzen.

20. Station – Slow life

Wer langsam geht, kommt weit

Die Entwöhnung von einer versklavenden Technologie allein genügt freilich nicht, um zu einem natürlicheren, menschengerechteren Rhythmus zurückzufinden.

Die Welt von heute ist auch jenseits ihrer Technologien schnelllebig und schwindelerregend. Täglich müssen wir uns mühsam festhalten, um nicht von unserem Platz verdrängt zu werden. Sich abzuhetzen ist nicht nur üblich geworden, sondern scheint auch ein gewisses Ansehen zu verleihen.

Einen extrem beschäftigten Menschen assoziiert man mit Erfolg, dabei müsste es genau umgekehrt sein. Wozu dienen Erfolg und Geld, wenn man nicht mal Zeit hat, in Ruhe eine Tasse Tee zu genießen?

Wir haben die Möglichkeit, das unsinnige Gehetze abzustellen – schließlich werden wir von keinem Raubtier verfolgt –, innezuhalten und uns das Leben leichter, ruhiger, friedlicher zu machen.

Mit anderen Worten: Wenn wir das, was uns begeistert, unser *Ikigai*, auch genießen wollen, sollten wir unbedingt zu einem einfacheren Leben zurückfinden und wieder stärker selbst über unseren Lebensrhythmus bestimmen.

»Ich zog in den Wald, weil ich den Wunsch hatte,
mit Überlegung zu leben, dem eigentlichen,
wirklichen Leben näher zu treten, zu sehen,
ob ich nicht lernen konnte, was es zu lehren hätte,

damit ich nicht, wenn es zum Sterben ginge,
einsehen müsste, dass ich nicht gelebt hatte.
Ich wollte nicht das leben, was nicht Leben war;
das Leben ist so kostbar.«

H. D. Thoreau, »Walden oder leben in den Wäldern«

Langsamkeit liegt wieder im Trend

Nachdem bereits im 19. Jahrhundert der Schriftsteller Henry David Thoreau einer ihn stressenden Zivilisation entflohen ist, um zwei Jahre, zwei Monate und zwei Tage in einer Hütte im Wald zu leben, existiert heute eine regelrechte »Slow-Life-Bewegung«. Sie entstand eines Tages, als in den 1980er-Jahren Einwohner der Stadt Rom gemeinsam mit Bauern aus dem Umland unter der Führung des Soziologen und Politikers Carlo Petrini gegen die Eröffnung eines namhaften Fast-Food-Lokals an der Piazza di Spagna protestierten.

Zwar breitete sich die Fast-Food-Kette – wie viele andere – dennoch in der italienischen Hauptstadt aus, aber damals war die »Slow-Food-Bewegung« geboren, eine Art Widerstandsbewegung, die sich inzwischen weltweit zu einem Trend der Entschleunigung entwickelt hat.

Diesem Trend liegt der Wunsch zugrunde, in allen Lebensbereichen Qualität vor Quantität zu setzen:

- weniger, dafür haltbarere Kleidung
- weniger, dafür von natürlich lebenden Tieren stammendes Fleisch
- weniger Erledigungen, dafür mehr Zeit, um das Leben zu genießen

- weniger Freunde, dafür solche, die einen mehr lieben
- die Zeit nutzen für das, was wirklich wichtig ist

»Die Industriegesellschaft hat zuerst die Maschine erfunden und nach ihr das Leben modelliert. Mechanische Geschwindigkeit und rasende Beschleunigung werden zur Fessel des Lebens. Wir sind alle von einem Virus befallen: ›Fast Life!‹ Unsere Lebensformen sind umgestürzt, unser häusliches Dasein betroffen – nichts kann sich der ›Fast-Food-Bewegung‹ entziehen. Aber der Homo sapiens muss sich von einer ihn vernichtenden Beschleunigung befreien und zu einer ihm gemäßen Lebensführung zurückkehren.«

Manifest von Slow food international

Letztendlich geht es darum, dass wir wieder genügend Zeit finden für uns selbst, für die Menschen, die wir lieben, und die Dinge, die uns begeistern.

Wir alle besitzen die Fähigkeit, das Leben zu genießen, auch wenn wir diese Tatsache manchmal vergessen. »Langsames Leben« erlaubt uns, die Zügel wieder selbst in die Hand zu nehmen und zu einem natürlicheren Rhythmus zurückzufinden.

Wir brauchen uns nur für ein unkomplizierteres, gesünderes, befriedigenderes, angenehmeres und lustvolleres Leben zu entscheiden.

»SLOW LIFE« PRAKTIZIEREN

Auf kleine Details zu achten und Gewohnheiten geringfügig zu ändern, kann die Lebensqualität bereits spürbar steigern.

Hier einige Vorschläge dazu:

- Schalten Sie auf Ihrem Handy ab einer bestimmten Uhrzeit den Flugmodus ein.
- Gehen Sie so selten wie möglich in die sozialen Netzwerke, am besten nur zu einer bestimmten Uhrzeit und für eine begrenzte Dauer.
- Wählen Sie nur ein Medium und eine Tageszeit, um Nachrichten zu sehen oder zu hören, und konzentrieren Sie sich dabei auf die, die Ihnen helfen, besser zu leben.
- Bevorzugen Sie ökologisch und nachhaltig produzierte Gegenstände und Kleidungsstücke.
- Nehmen Sie sich Zeit, Frischwaren einzukaufen, selbst zu kochen und Ihre Mahlzeiten in Ruhe zu genießen.
- Widmen Sie der Arbeit nur die absolut notwendige Zeit, aber machen Sie sie gut.
- Bevorzugen Sie reale Begegnungen gegenüber virtuellen.

Dritter Teil

Reise durch unsere Gegenwart

Vergangenheit und Zukunft
in die ewige Gegenwart unseres Lebens
integrieren

Aufbruch beim Hauptschrein des Schintoismus
Ise 伊勢

Die letzten Tage unserer Reise verbringen wir im Küstenort Ise. Ise ist das Mekka der Japaner, denn hier steht der wichtigste aller schintoistischen Schreine.

Wir erreichen Ise mit dem Zug und fahren mit dem Taxi zu einem mitten im Grünen gelegenen *Ryokan*. An der Tür empfängt uns der Betreiber der traditionellen Unterkunft persönlich. Er öffnet den Kofferraum des Taxis und hilft uns, unser Gepäck ins Haus zu tragen.

»Ich heiße Tanaka«, stellt er sich mit breitem Lächeln vor.

»Sehr erfreut, wir sind Héctor und Francesc.«

»Oh, Sie sprechen Japanisch«, sagt er zu Héctor.

»Na ja, ich bin dabei, es zu lernen …«

»Sie haben Glück. Sie wohnen hier im besten Ryokan der Gegend«, erklärt der Mann. Dann zeigt er mit dem Finger auf den schier endlosen bewaldeten Horizont. »In diesem Wald steht der Ise-Schrein. Bis dahin ist es nicht weit, Sie können zu Fuß hingehen.«

Die untergehende Sonne verfärbt die Bäume und erinnert uns daran, dass der Herbst begonnen hat.

Am nächsten Morgen öffnen wir das Fenster und erkennen zwischen den Bäumen die hölzerne Konstruktion des Ise-Schreins, sehen die Balken durch das Blattwerk schimmern wie lebendige Kreaturen, die in und mit der Natur ringsum leben. Das Holz der Torii, der Eingangstore des Schreins, rahmt alles Wesentliche ein: die Bäume, den Fluss, das Leben an seinen Ufern und die *Kami*, die Götter, die den Wald bewohnen.

Wir verlassen den Ryokan und machen uns auf ins Universum von Ise. Das Heiligtum ist der Sonnengöttin Amaterasu geweiht.

Nachdem wir am Eingang eine Holzbrücke überquert haben, gehen wir durch mehrere Torii, tiefer hinein in den Wald, in dem sich zwischen den Bäumen die zu Ehren der Götter errichteten Holzbauten erheben.

»Seltsam. Als ich das erste Mal hier war, sah die Schreinanlage anders aus, trotzdem kommt es mir vor, als sei alles unverändert«, bemerkt Héctor, während er durch einen der Torii hindurch eines der Gebäude betrachtet.

»Du hast mir ja mal erzählt, dass der Schrein alle zwanzig Jahre neu errichtet wird«, erwidert Francesc fasziniert.

»Genau, zuletzt wurde dieser Schrein 2013 neu aufgebaut. Was wir jetzt vor uns haben, ist die zweiundsechzigste Rekonstruktion. Insgesamt wurde er zweiundsechzigmal ab- und wieder aufgebaut!«

»In Europa würde man sich dic Haare raufen, wenn eine Kathedrale ganz ab- und neu aufgebaut würde.«

»Das wäre auch viel teurer. Der Ise-Schrein ist ein sehr schlichter Bau. Man verwendet dafür das Holz aus dem Wald ringsum und benutzt keinen einzigen Nagel noch sonstige Metallteile zur Stabilisierung. Die Handwerker befolgen die alten Anweisungen und die traditionelle Bauweise von vor tausend Jahren, sie benutzen immer noch *Shimenawa*, aus Reisstroh geflochtene Taue, um die heiligen Objekte oder Stätten von der Welt ringsum abzugrenzen. Wahrscheinlich habe ich deshalb das Gefühl, ich würde wieder dasselbe sehen, obwohl es etwas ganz anderes ist. Aber das Wesen der Konstruktion ist unverändert geblieben.«

»Auch Lampedusa sagte: ›Wenn alles bleiben soll, wie es ist, muss sich alles ändern‹«, denkt Francesc laut. »Dies hier ist eine Art ewiger Gegenwart.«

Ise hat uns dazu inspiriert, über die Gegenwart zu schreiben.

Eine der meistpraktizierten Disziplinen, um im Hier und Jetzt zu verweilen, ist die Meditation. Wir, die Autoren des vorliegenden Buchs, glauben jedoch, dass jede Tätigkeit, bei der wir unsere Aufmerksamkeit ganz auf die Gegenwart richten, uns in den Zustand des *Flow* versetzen kann, über den wir in unserem Buch *Ikigai* gesprochen haben. Besonders bei künstlerischen Aktivitäten können Seele und Geist sich hervorragend auf die Gegenwart fokussieren, in der alles Neue hervorgebracht wird und sich die großen Veränderungen vollziehen.

Kunst lebt immer im Hier und Jetzt, da sie ewig ist. Sind Sie bereit, im Flow einer endlosen, glücklichen und kreativen Gegenwart zu leben?

21. Station – Präsenz

Wer zwei Hasen jagt, fängt keinen

Vom Gipfel eines Berges fällt der Blick durchs Fenster auf ein Zen-Kloster, das große Ähnlichkeit hat mit jenem, das die Protagonisten in *Erleuchtung garantiert*, einem Film von Doris Dörrie aus dem Jahr 2000, aufsuchen.

Dörries Werk ist kein klassischer Spielfilm, eher eine Art Dokumentation, in der die Schauspieler mit ihren echten Namen auftreten und auf der Basis eines groben Plots improvisieren.

Zwei deutsche Brüder, Uwe und Gustav, beschließen, nach Japan zu reisen, um eine persönliche Krise zu überwinden und in einem Zen-Kloster zu sich selbst zu finden. Nachdem sie mehrere Tage durch Tokio geirrt sind, gelangen sie schließlich zum Kloster Sojiji, wo die Mönche sie lehren, all ihre Energie und Aufmerksamkeit auf eine einzige Sache zu fokussieren, zum Beispiel darauf, eine Serviette mit Besteck akkurat zusammenzufalten, die Holzdielen zu bohnern, zu meditieren oder Mantras zu rezitieren.

Während der Dreharbeiten führten die Mönche ihr Leben weiter wie immer, und die Schauspieler nahmen, von der Kamera gefilmt, daran teil.

Multitasking ist aufreibend und ineffizient

In der heutigen Zeit beherrschen Zerstreuungen unser Leben. Sich über die digitalen Errungenschaften zu beklagen oder ihnen den Rücken zu kehren, wäre absurd. Aber wir können aktiv dazu beitragen, dass die Technologie nicht uns kontrolliert, sondern wir sie.

Wie wir bereits in unserem Buch *Ikigai* im Kapitel über den »Flow« erwähnt haben, ist mittlerweile durch zahlreiche Studien belegt, dass *Multitasking nicht die Effizienz steigert*. Erstens weil man dabei den einzelnen Aufgaben relativ wenig Aufmerksamkeit schenkt, zweitens weil jeder Wechsel von einer Tätigkeit zur anderen Energie kostet.

Möglicherweise ist dies auch der Grund, warum wir uns nach einer Stunde Multitasking erschöpft fühlen, während ein Gärtner oder Maler sich stundenlang auf eine einzige Sache konzentrieren kann, ohne zu ermüden.

Auch wenn wir das Gefühl haben, die Zeit besser zu nutzen, indem wir uns gleichzeitig ein YouTube-Video anschauen, für eine Prüfung lernen und alle fünf Minuten Nachrichten auf unserem Handy beantworten, würden wir im Grunde schneller vorankommen, wenn wir all diese Tätigkeiten nacheinander erledigen würden: Videos sehen, dann lernen, dann Nachrichten beantworten.

Ein altes Jägersprichwort sagt: »Wer zwei Hasen jagt, fängt keinen.«

Sitzen ist Zen, gehen ist Zen, das iPhone ist Zen

»Eines Tages, als ich in den Bergen von Nagano durch eine Tempelanlage lief, fühlte ich mich in ferne Zeiten zurückversetzt. Ich betrat einen buddhistischen Tempel und sah die Mönche in einem kargen Raum meditieren.

Nachdem die Meditationssitzung beendet war, widmete sich jeder Mönch wieder seinen Aufgaben. Einer von ihnen ging in den Garten und setzte sich auf dieselbe Bank, auf der ich gerade saß und einen grünen Tee trank. Zu meiner Verwunderung zog er ein iPhone aus einer der Innentaschen seines Gewandes. Lächelnd tippte er Nachrichten hinein. Einmal lachte er sogar laut auf.

Dann steckte er das iPhone wieder ein und wandte sich mir zu, fragte, wie ich hieße und woher ich käme. Während ich ihm antwortete, schaute er mir in die Augen, als gäbe es in diesem Moment für ihn nichts anderes auf der Welt als meine Person.

Nach dieser Kontaktaufnahme fragte ich ihn: ›Lenkt das iPhone Sie nicht ab, wenn Sie Zen praktizieren?‹

›Sitzen ist Zen, Gehen ist Zen, das iPhone ist Zen‹, sagte er. ›Aber zaudere nicht.‹

Die Antwort des Mönchs war eine Abwandlung der Zen-Weisheit ›Wenn du sitzt, dann sitze, wenn du gehst, dann gehe, aber schwanke nicht‹.«

Héctor

In diesem Zen-Spruch liegt die Essenz der Achtsamkeit: Achtsamkeit heißt, in jedem Augenblick präsent zu sein, bei allem, was wir tun, den eigenen Körper und das eigene Bewusstsein wahrzunehmen.

Wenn wir sitzen, sollten wir unser Bewusstsein und unseren Körper dem Sitzen widmen. Wenn wir gehen, sollten wir das Gleiche tun, das heißt, uns auf den Akt des Gehens konzentrieren. Der Schluss der Sentenz – *schwanke nicht* – erinnert daran, wie wichtig es ist, bei allem, was wir tun, ganz bei der Sache zu sein.

Einige Anregungen, um nicht zu schwanken:

- Legen Sie während des Essens Ihr Handy weit weg vom Tisch, und schauen Sie erst am Ende der Mahlzeit wieder darauf. Tun Sie dies erst recht, wenn Sie mit anderen zusammensitzen, denn Ihre Tischgenossen verdienen es, dass Sie ihnen Ihre volle Aufmerksamkeit schenken.
- Wenn Sie spazieren gehen, genießen Sie den Spaziergang, als wäre er das Wichtigste auf der Welt.
- Wenn Sie unter der Dusche stehen, stellen Sie sich vor, Sie könnten nur noch dieses eine Mal im Leben duschen. Betrachten Sie jeden Augenblick, in dem das warme Wasser Ihren Körper massiert, als etwas Wertvolles.

ERLEBEN SIE TAG FÜR TAG PHASEN DES FLOW UND PHASEN DES SICH-TREIBEN-LASSENS

Wie der Zen-Mönch, der sich Zeit nimmt zum Meditieren, zum Beantworten seiner Handynachrichten und zum Gespräch mit einem Fremden, können auch wir immer wieder Phasen absoluter Präsenz in unseren Alltag einbauen. Auf diese Weise werden wir nicht mehr von dringenden Terminen dominiert, sondern wir übernehmen selbst die Kontrolle über den Tagesablauf.

Um dies zu erreichen, brauchen wir uns nur ein paar Momente am Tag frei zu halten, um uns voll und ganz auf eine Sache konzentrieren zu können.

Erste Konzentrationseinheit, um bei einer einzigen Tätigkeit im Flow zu sein:

Von ____________________ bis ____________________

Tätigkeit: ____

Zweite Konzentrationseinheit, um bei einer einzigen Tätigkeit im Flow zu sein:

Von ____________________ bis ____________________

Tätigkeit: ____

Dritte Konzentrationseinheit, um bei einer einzigen Tätigkeit im Flow zu sein:

Von ____________________ bis ____________________

Tätigkeit: ____

Anmerkungen:

- Bei jeder Flow-Einheit können Sie die in Kapitel 12 dargestellte Pomodoro-Technik anwenden.
- Versuchen Sie, sich in den Pausen zwischen den Konzentrationseinheiten treiben zu lassen. Man braucht nicht den ganzen Tag ein Zen-Mönch zu sein.

22. Station – Schreiben ist Filtern

Die Macht von Tinte und Papier

Schreiben ist eine der wirkungsvollsten Therapien, die es gibt. Die Personen, die sich bei Shoma Morita (1874–1938), dem wir in *Ikigai* ein Kapitel gewidmet haben, einer psychotherapeutischen Behandlung unterzogen, brachten jeden Tag ihre Gefühle zu Papier.

Wenn wir die Dinge, die uns innerlich beschäftigen, an die Oberfläche holen, bringen wir nicht nur Klarheit und Ordnung in unsere Gedanken und Gefühle, sondern befreien unser Unbewusstes auch von unnötigem Ballast, sodass der Zug unseres Lebens schneller in die gewünschte Richtung fahren kann.

Der medizinische Nutzen des Schreibens

Die positive Wirkung des Schreibens auf unsere Gesundheit konnte kürzlich wissenschaftlich nachgewiesen werden. Matthew Liebermann, Professor an der University of California, Los Angeles, führte ein Experiment durch, bei dem er die Teilnehmer einer fMRT (funktionelle Magnetresonanztomografie) des Gehirns unterzog. Zuvor hatte er sie in zwei Gruppen aufgeteilt:

1. die Probanden, die täglich über ihre Gefühle schrieben,

2. die Probanden, die diese Gewohnheit nicht hatten oder nur Sachtexte verfassten (zum Beispiel Arbeitsberichte)

Nach ein paar Tagen ging bei den Probanden aus der ersten Gruppe die Aktivität der Rachenmandeln zurück, ein physiologisches Zeichen für gute Gesundheit und einen niedrigen Stresslevel.

Die Studie ergab, dass sich die Aktivität der Mandeln und damit auch die Intensität unserer Emotionen reguliert, sobald wir über unser Leben und unsere Gefühle schreiben.

Sich selbst erschaffen

»Im Tagebuch äußere ich mich nicht nur freimütiger, als ich es einem Menschen gegenüber je tun könnte, sondern ich erschaffe mich selbst. Das Tagebuch ist ein Vehikel für mein Ichgefühl. Es stellt mich als emotional und geistig unabhängig dar. Somit hält es (leider) nicht nur mein tatsächliches, tägliches Leben fest, sondern bietet – in vielen Fällen – eine Alternative dazu.«

Susan Sontag

Ein Logbuch des Lebens

Wichtig beim Führen eines Tagebuchs ist, wie der Name schon sagt, dass man es *tagtäglich* macht. Man braucht nichts Wohldurchdachtes hineinzuschreiben, Folgendes genügt:

- Schreiben Sie zu Beginn oder am Ende des Tages auf, was Ihnen durch den Kopf geht.
- Schreiben Sie über Dinge, die Sie berührt haben, oder über Vorhaben, die in Ihren Gedanken Gestalt annehmen.
- Versuchen Sie, Positives herauszustreichen.

Natürlich werden Sie auch über die unangenehmen Dinge schreiben, die Ihnen widerfahren sind. Überlegen Sie sich dabei, ob und wie Sie diese Dinge eventuell durch Ihr eigenes Verhalten hätten verhindern können. Stellen Sie sich die beiden fundamentalen Fragen:

1. Was habe ich aus dieser schlechten Erfahrung gelernt?

2. Was muss ich in meinem Leben ändern, um andere Dinge zu erleben?

FÜHREN SIE EIN FÜNF-MINUTEN-TAGEBUCH

Benutzen Sie hierfür ein Heft, dessen Farbe und Design Sie inspirieren. Falls Sie keines zur Hand haben, kaufen Sie sich eines, das Sie ausschließlich zum Tagebuchschreiben verwenden werden.

Beginnen Sie jeden Tag mit einer neuen Seite, die Sie durch eine horizontale Linie in zwei Bereiche unterteilen.

1. Schreiben Sie jeden Morgen nach dem Aufwachen drei Minuten lang in das obere Feld.

2. Schreiben Sie jeden Abend vor dem Schlafengehen zwei Minuten lang in das untere Feld.

Nun zu den konkreten Einträgen.

Morgens (eine Minute zu jedem Punkt):

- Drei Dinge, für die ich in diesem Moment meines Lebens dankbar bin:

- Drei Dinge, die aus diesem gerade beginnenden Tag einen besonderen Tag machen werden:

- Vorhaben für diesen Tag. HEUTE WERDE ICH:

Versuchen Sie, spontan zu schreiben, ohne lange zu überlegen. Wie bei der Kunst des Haiku, mit der wir uns im nächsten Kapitel befassen werden, geht es hier darum, ungefiltert aufzuschreiben, was Ihnen durch den Kopf geht, wenn Sie das Notizheft aufschlagen. Deshalb heißt die Übung auch *Fünf-Minuten-Tagebuch.*

Fahren wir mit den Blitzeinträgen fort.

Abends (eine Minute zu jedem Punkt):

- Drei tolle Dinge, die heute passiert sind:

- Was hätte ich tun können, damit der heutige Tag schöner wird?

___

___

___

Schreiben Sie zum ersten Punkt, was Sie an diesem Tag am meisten bewegt hat und was das wichtigste Ereignis war. Dies können auch Kleinigkeiten sein, mit denen Sie morgens beim Aufwachen nicht gerechnet haben. Zum Beispiel: »Eine Freundin, die mir ein Jahr lang nicht geschrieben hat, hat mir eine Mail geschickt, und ich fühlte mich geschätzt«, oder: »Beim Spazierengehen durch den Park ist mir etwas Tolles für mein nächstes Projekt eingefallen.«

Zu dem Punkt, was Sie hätten tun können, damit der Tag schöner wird, würden Sie sich vielleicht gern ausführlicher äußern, doch es ist wesentlich effektiver, sich kurzzufassen. Es erleichtert dem Unterbewusstsein das Lernen im Schlaf. Zum Beispiel könnten Sie Folgendes schreiben: »Heute morgen hat man mich mit dringenden Angelegenheiten genervt. Ich hätte die Kontrolle übernehmen und mich erst um die wichtigen Dinge kümmern sollen.«

Mehr Informationen zu dieser Methode finden Sie unter www.five-minutesjournal.com.

23. Station – Haiku

Lassen Sie den Dichter in sich zu Wort kommen

Der japanische Dichter Bashō hat einmal gesagt: »Haiku ist, was in diesem Augenblick und an diesem Ort passiert.« Auch wir können diese kurze japanische Gedichtform nutzen, um unsere Gefühle zu Papier zu bringen, ähnlich wie beim Zeichnen oder Fotografieren.

Das Haiku-Schreiben ist eine Kunst, bei der tiefe Gefühle mobilisiert werden, und somit ein großartiges Instrument der Selbsterforschung.

Traditionell wird das Haiku aus drei Versen zu je fünf, sieben und fünf Silben gebildet. Es soll so schlicht wie möglich gehalten sein, nichts Verschnörkeltes noch Gekünsteltes an sich haben und nicht einmal besonders subjektiv gefärbt sein. Der Dichter soll seine Gedanken nüchtern, ohne Metaphern oder komplizierte Vergleiche präsentieren.

Der oben genannte japanische Poet Matsuo Bashō (1644–1694) gilt als der erste große Meister des Haiku. Seine schlichten Verse stellte er komplexeren und traditionelleren Gedichtformen wie dem *Renga* mit seinen um die hundert Versen gegenüber. Basho trat dafür ein, alles Künstliche abzulegen, und versuchte mittels seiner Haikus zur Essenz des Lebens vorzudringen und im Einklang mit der Natur zu sein.

Diesem Klassiker taten es zahlreiche andere japanische Poeten nach und entwickelten die Kunst des Haiku weiter, indem sie ihm einen mal stärker beschreibenden, mal emotionaleren Ton gaben. Immer aber behielten sie die für das Haiku so charakteristische Kürze bei.

Nach der Öffnung Japans während der Meiji-Ära begeisterten sich Schriftsteller aus aller Welt wie Jorge Luis Borges, Octavio Paz oder Jack Kerouac für die Kunst des Haiku.

Tanz der Blütenblätter
Ruhender Wind
Ewiger Frühling

Héctor

Wie man ein Haiku schreibt

Wir, die Autoren des vorliegenden Buchs, haben uns dieser minimalistischen Kunst gewidmet, um zu zeigen, dass man auch in einer anderen Sprache als dem Japanischen und ohne ein Dichter zu sein, Haikus schreiben und dabei dem Wesen dieser Kunstform treu bleiben kann.

In Albert Liebermanns Buch *El árbol de los haikus (*was »Der Haiku-Baum« bedeutet) sind die Aspekte aufgeführt, auf die es beim Verfassen eines Haiku zu achten gilt:

1. Es sollte aus drei sich nicht reimenden Versen bestehen.

2. Es sollte so kurz sein, dass das Vorlesen nicht länger dauert als ein Atemzug.

3. Wenn möglich sollte es einen Bezug zur Natur oder zu einer Jahreszeit haben.

4. Das Haiku beschreibt die Dinge stets in der Gegenwart – kann aber auf Verben verzichten – und bezieht sich nicht auf Vergangenes oder Zukünftiges.

5. Es soll das Beobachten oder Staunen des Dichters zum Ausdruck bringen.

6. In den Versen sollte einer der fünf Sinne präsent sein.

DREISSIG HAIKUS IN DREISSIG TAGEN

Beim Schreiben eines Haiku lenkt gleichsam ein Magnet unseren Geist auf die Gegenwart, und es tun sich unverhoffte Räume in unserem Inneren auf.

Als Übung zur Seelendurchleuchtung schlagen wir Ihnen vor, sich in den kommenden dreißig Tagen täglich dieser Kunst zu widmen. Sie brauchen nur wenige Minuten einzuplanen – im Idealfall entsteht das Haiku spontan, ohne großes Nachdenken –, um drei Verse niederzuschreiben, die das wiedergeben, was Sie im fraglichen Moment empfinden.

Dafür können Sie ein Heft, eine Notizen-App Ihres Smartphones oder sogar Twitter benutzen.

Methode und literarische Qualität des Haiku spielen die geringste Rolle, wichtig ist, dass Sie sich das Haiku-Schreiben im Lauf von dreißig Tagen zur Gewohnheit machen.

Gehen Sie folgendermaßen vor:

1. Suchen Sie sich einen geeigneten Moment am Tag aus, zum Beispiel auf dem Weg zur Arbeit oder zurück nach Hause.

2. Atmen Sie tief durch, schauen Sie sich um, und fragen Sie sich: Was sehe ich? Was fühle ich? Was höre ich? Was rieche ich? Was ist das Wesentliche am gegenwärtigen Augenblick, in mir und außerhalb von mir?

3. Wenn Sie diese Fragen beantwortet haben, schreiben Sie, ohne groß nachzudenken, sozusagen mit drei Pinselstrichen, was Ihnen in den Sinn gekommen ist.

Lesen Sie nach den dreißig Tagen nochmals alle Haikus.

Fällt Ihnen irgendein Muster auf oder ein Thema, das sich häufig wiederholt? Wahrscheinlich werden Ihre Haikus Sie auf die Dinge hinweisen, die Ihnen gefallen und Ihnen wichtig sind, auf Ihr aktuelles Leben und auf das, was Ihnen normalerweise entgeht, weil Sie sich gedanklich die meiste Zeit mit Vergangenheit und Gegenwart beschäftigen.

24. Station – Grundlegende Entscheidungen

Schritte, die Ihr Leben für immer verändern

Tag für Tag treffen wir kleine Entscheidungen, die unsere Gegenwart gestalten und sich auf die eine oder andere Weise auf unsere Zukunft auswirken. Manche dieser Entscheidungen aber sind besonders folgenreich und verändern unser weiteres Leben. Sie zu treffen fällt uns in der Regel schwer.

Eine unbefriedigende Arbeitsstelle kündigen, eine Beziehung beginnen oder beenden, den Beruf, die Stadt oder sogar das Land wechseln, Eltern werden, tief verwurzelte Gewohnheiten aufgeben … jede dieser Entscheidungen beeinflusst unser weiteres Leben nachhaltig.

Wie beim Shinkansen, für dessen Entwicklung, wie wir im ersten Kapitel gesehen haben, ein von Grund auf neues Bahnkonzept erforderlich war, bedeuten bestimmte Entscheidungen eine Art Wiedergeburt: Danach ist nichts mehr, wie es vorher war.

»Jeder Mensch muss im Erwachsenenalter
zehn oder zwölf grundlegende Entscheidungen treffen,
die sein weiteres Schicksal bestimmen.
Eine grundlegende Entscheidung bedeutet,
dass es im Leben ein Davor und ein Danach gibt,
da sie sich auf alle Bereiche unserer Existenz auswirkt.«

Josep Antoni Bolinches

Eine Durchleuchtung des Lebens

Zur Kategorie der grundlegenden Entscheidungen gehören bestimmte Beschlüsse, wie sie Millionen von Menschen fassen, etwa mit dem Rauchen aufzuhören, kein Fleisch mehr zu essen, sich sexuell umzuorientieren, eine Ehe zu beenden, eine feste Arbeitsstelle aufzugeben, einen neuen Beruf zu ergreifen, eine andere Religion oder eine neue Lebenseinstellung zu wählen …

Ein Barometer, an dem sich gut ablesen lässt, wie sehr wir selbst in unsere Zukunft eingreifen, ist die Zahl der *grundlegenden Entscheidungen*, die wir getroffen haben, seitdem wir selbst über unser Leben bestimmen können, und die Zahl derer, die wir noch treffen müssten, damit unser Zug das gewünschte Ziel erreicht.

Am Ende dieses Kapitels schlagen wir Ihnen eine Übung zur Selbstdurchleuchtung vor, die Ihnen bei Ihrer weiteren Lebensplanung helfen kann.

Wie ich bis hierher gekommen bin

»An einem Samstagnachmittag nach einem Seminar bei Dr. Bolinches dachte ich darüber nach, welche grundlegenden Entscheidungen mich an den Punkt gebracht haben, an dem ich heute stehe. Eine der wichtigsten war diese:

- **Nie mehr in einer Firma arbeiten.** Diese Entscheidung traf ich nach einer sehr negativen Erfahrung als Verlagslektor. Ich bin ihr seit fünfzehn Jahren treu geblieben, obwohl ich ab und zu teuer dafür bezahle.

Dann stellte ich fest, dass ich in letzter Zeit noch einige andere Entscheidungen getroffen habe, die möglicherweise grundlegend waren, da sie sich in meinem Leben bereits bemerkbar machen:

- **Weder abends noch am Wochenende am Computer zu sitzen** (außer um Mails zu schreiben). Das bedeutete einen starken Einschnitt in meinem Leben, da ich in den fünfzehn Jahren meiner Selbstständigkeit von montags bis sonntags und von morgens bis zum Schlafengehen gearbeitet habe. Nicht einmal auf Reisen habe ich mich von meinem Laptop getrennt.

- **Nie mehr um jemandes Liebe zu betteln.** Wenn jemand beschließt, aus meinem Leben zu verschwinden, lass ich das zu und kämpfe nicht länger um seine Aufmerksamkeit, auch wenn wir zuvor noch so viel miteinander geteilt haben. In diese Kategorie fällt auch, dass ich mich von der selbstauferlegten Verpflichtung befreit habe, immer nett zu sein. Mal jemandem auf die Nerven zu gehen, ist kein Drama. Man kann es nicht allen recht machen.

- **Die Hälfte meines Arbeitstages Menschen statt Bildschirmen zu widmen.** Das bedeutet, weniger unerfreuliche Aufträge anzunehmen und mich dafür mehr mit einzelnen Menschen zu befassen und ihnen mit meinen persönlichen Fähigkeiten zu helfen.

- **Mir Unbewusstes bewusst zu machen.** Mir ist klar geworden, dass ich im Laufe meines Lebens vieles getan habe, was ich eigentlich nicht tun wollte. Obwohl ich mich dabei unzufrieden oder unruhig fühlte, fragte ich nicht nach dem Grund. Sobald man sich traut, diese Frage zu beantworten, wird einem die Ursache des Unwohlseins bewusst, man begreift und kann bewusst handeln. In dem Moment tritt eine echte Veränderung ein.«

Francesc

Dass einem bei grundlegenden Entscheidungen mulmig wird, wie wenn man sich auf unbekanntes Terrain wagt, ist ganz normal. Rührt man sich indes nie von der Stelle, riskiert man, irgendwann unterzugehen, ohne einen einzigen Schritt getan zu haben.

Deshalb lohnt es sich, von Zeit zu Zeit zu überprüfen, wo man gerade steht, und auf die Alarmsignale, die einem das Leben sendet, zu achten, damit man die nötigen Veränderungen einleiten kann, um dem eigenen *Ikigai* physischen wie mentalen Raum zu geben.

DURCHLEUCHTUNG WICHTIGER ENTSCHEIDUNGEN

Analysieren Sie zunächst die grundlegenden Entscheidungen, die Sie ab dem Moment getroffen haben, da Sie selbst die Initiative ergreifen konnten, und machen Sie sich bewusst, welche Folgen diese Schritte für Ihr Leben hatten. Die Entscheidungen können mit Ihrem Studium, Ihrer Lebensphilosophie, Ihrer Ernährung, Ihrem sozialen Leben, Ihrer sexuellen Orientierung, bestimmten Prioritäten usw. zusammenhängen. Schreiben Sie jeweils dazu, wie sie sich auf Ihren Alltag ausgewirkt haben.

1. ____

Auswirkung: ______________________________________

2. ____

Auswirkung: ______________________________________

3. ____

Auswirkung: ______________________________________

Schreiben Sie auch alle anderen großen Entscheidungen auf, die Ihnen einfallen, sowie deren Auswirkungen auf Ihr Leben.

Notieren Sie anschließend grundlegende Entscheidungen, die in Ihrem gegenwärtigen Leben anstehen, und was diese Entscheidungen Ihnen bringen werden. Es wird Sie dazu motivieren, den entsprechenden Schritt zu wagen:

1. ____

Auswirkung: ______________________________________

2. ____

Auswirkung: ______________________________________

3. ____

Auswirkung: ______________________________________

Fahren Sie mit der Liste so lange fort, bis die notwendigsten Veränderungen auf dem Papier stehen.

Machen Sie sich keine Sorgen, wenn Sie bei den Entscheidungen, die Sie in der Vergangenheit getroffen haben und jetzt noch treffen müssen, insgesamt nicht auf zehn kommen. Die Initiative, die Sie heute ergreifen, wird mittelfristig zu weiteren folgenreichen Umwälzungen in Ihrem Leben führen.

25. Station – Nachtschicht

Nächtliche Traumarbeit

Nacht für Nacht reisen wir an unverhoffte Orte. Wenn wir die Augen schließen, besteigen wir einen mysteriösen Zug, der uns an wunderlichen Schauplätzen aussteigen lässt.

Wie genau unsere Traumwelt funktioniert, wissen wir nicht, Träume gehören zu den Mysterien des menschlichen Geistes. Aber es hat sich gezeigt, dass das, was sich in unserem nächtlichen Büro abspielt, wichtig und mitunter sogar entscheidend für unsere Gegenwart und unsere Zukunft ist.

Klarträume

Ein Thema, das unter Fachleuten aus Psychologie, Physiologie und Neurologie jahrzehntelang umstritten war, sind die sogenannten luziden Träume oder Klarträume. Was nicht weiter verwundert, da in der fast völlig unkontrollierbaren Welt der Träume diese ungewöhnliche Spezies uns im Schlaf wissen lässt, dass wir träumen.

Obwohl vielfache Aussagen schon seit Langem belegen, dass es tatsächlich so etwas wie Klarträume gibt, konnte man deren Existenz bis vor wenigen Jahrzehnten noch nicht wissenschaftlich nachweisen.

Während eines Klartraums weiß der Träumende, dass er träumt, was ihm die ungewöhnliche Freiheit gibt, sich gezielt durch die Gefilde seines Unterbewusstseins zu bewegen.

Können Sie sich vorstellen, welche Möglichkeiten sich bieten, wenn man weiß, dass einem dort nichts zustoßen wird, man sich also nach Lust und Laune durch einen Traum bewegen kann?

Wach im Traum

Angeblich haben unter zwanzig Prozent der Menschen mehr oder weniger regelmäßig Klarträume. Allerdings lässt sich diese zerebrale Fähigkeit, mit deren Hilfe man Lösungen finden kann, die einem im Wachzustand nicht einfallen, mit bestimmten Techniken erwerben und ausbauen.

Stephen LaBerge von der Stanford University, einer der Pioniere der Erforschung von Klarträumen, der den größten Teil seiner beruflichen Laufbahn damit verbracht hat, ihre Geheimnisse zu ergründen, kann dies bestätigen.

LaBerge führte zahlreiche Experimente und Tests an Patienten durch und war schließlich überzeugt, dass Klarträume unsere Lernfähigkeit zu steigern vermögen. Demnach könnten sie im Schlaf sogar unser *Ikigai* stärken.

In seinem Buch *Lucid Dreaming: A Concise Guide to Awakening in Your Dreams and in Your Life* (was »Klarträume: Ein kompakter Führer zum Erwachen in Ihren Träumen und in Ihrem Leben« bedeutet) schildert er, wie sich eine von ihm untersuchte Schläferin, eine Eishockeyspielerin, dank luzider Träume, in denen sie es gewagt hat, ihre Ängste und Zweifel abzuschütteln, in ihrer Disziplin verbessern konnte. Die Sportlerin beschloss, das, was sie im Traum gelernt hatte, auf das Schlittschuhlaufen anzuwenden, und konnte sich daraufhin im Wachzustand spieltechnisch erheblich steigern.

Traumfahrer werden

Wissenschaftler haben festgestellt, dass Klarträume vor allem in der REM-Phase, der Phase größter zerebraler und körperlicher Aktivität, entstehen und dass es zwei Hauptauslöser für Luzidität im Traum gibt.

1. Im Traum fällt uns etwas Ungewöhnliches oder eine Unstimmigkeit auf, zum Beispiel sehen Orte oder Dinge völlig anders aus als im Wachzustand. Dadurch merken wir, dass wir träumen. Wir verfolgen das Geschehen weiter, nun aber im Bewusstsein, dass wir einen Traum erleben und im Schlaf in dessen Geschehen eingreifen können.

2. Durch ein von außen kommendes Geräusch wachen wir kurzzeitig auf, kehren aber rasch wieder zu dem Traum zurück, den wir gerade geträumt haben. Diesmal sind wir uns, da wir noch vor wenigen Sekunden wach waren, dessen bewusst, dass wir schlafen.

Gelingt uns luzides Träumen, bieten sich uns beinahe unbegrenzte Möglichkeiten, da wir in die verborgenen Winkel unseres Geistes vordringen können, in die wir im Wachzustand, inmitten unseres oftmals stressigen Alltagsgeschehens, niemals bewusst gelangen würden.

Klarträume können uns helfen, Ängste abzubauen, Fähigkeiten zu erlernen, verlorenes Wissen zurückzuholen und sogar bestimmte Entscheidungen zu treffen und zu erkunden, wohin sie uns führen könnten.

Der Physik-Nobelpreisträger Richard P. Feynman behauptet, durch häufiges Üben sei es ihm gelungen, Klarträume hervorzurufen. Wie er in seinen Erinnerungen schreibt, bestand sein Trick darin, sich kurz vor dem Einschlafen bewusst zu machen, welche Gedanken und Ideen ihn gerade beschäftigten.

»Ich übte weiter, mich in der Einschlafphase selbst zu beobachten. Eines Nachts merkte ich, während ich träumte, dass ich mich im Traum selbst beobachtete. Ich war ganz darin versunken, während ich schlief.«

Richard P. Feynman

Immer wenn Feynman merkte, dass er träumte, konnte er bewusst entscheiden, wie er sich im Traum verhalten würde. Diese Fähigkeit soll ihm sogar geholfen haben, zu neuen wissenschaftlichen Erkenntnissen zu gelangen.

Sollten Sie einmal merken, dass Sie im Traum über Ihren Traum nachdenken, sollte Ihnen bewusst werden, dass Sie schlafen, ergreifen Sie die Gelegenheit, und nutzen Sie diese wertvollen Minuten. Denn Sie erleben in diesem Moment einen jener seltenen Klarträume, die Ihnen ein Tor zu tieferem Wissen zu öffnen vermögen. Und vielleicht liegt das Geheimnis Ihres *Ikigai* ja hinter einem solchen Tor.

DREI MASSNAHMEN ZUR ERZEUGUNG VON KLARTRÄUMEN

1. Schreiben oder lesen Sie vor dem Einschlafen etwas zu dem Thema, mit dem Sie sich gern im Labyrinth Ihrer Träume beschäftigen würden. Falls Sie irgendeine Frage oder ein unlösbares Problem haben, schreiben Sie es auf, damit Ihr nächtliches Büro daran arbeitet.

2. Eine kurze Meditation oder einige Minuten, in denen Sie gezielt auf Ihren Atem achten, werden Ihnen helfen, bewusster in die Traumwelt zu gelangen.

3. Legen Sie sich ein Notizheft neben das Bett, in dem Sie jeden Morgen nach dem Aufwachen Ihren jüngsten Traum aufschreiben. Das regelmäßige Notieren von Träumen wird Ihr Bewusstsein für das Geträumte schärfen und Sie möglicherweise befähigen, Ihre nächtlichen Träume als solche wahrzunehmen. Auch das Lesen der letzten im Tagebuch notierten Träume vor dem Einschlafen kann Derartiges bewirken.

26. Station – Ensō

Der Kreis der inneren Harmonie

Will man seiner verborgenen Passion auf die Spur kommen und ihr zur Entfaltung verhelfen, sollte man, so rät es der Zen-Buddhismus, zunächst das Wesen der eigenen Existenz ergründen. Bestimmte Techniken wie *Shodō* (Kalligrafie), *Haiku* (Poesie), *Kōan* (Rätsel) oder Meditation können einem helfen zu enthüllen, was sich in einem verbirgt.

Zum Shodō gehört auch das Malen eines Kreises, des sogenannten *Ensō*, bei dem man sich ganz auf die Gegenwart konzentriert, eine unverzichtbare Voraussetzung, um bei seinem *Ikigai* im Flow zu sein.

Die Übung ist einfach und schwierig zugleich: Mit einem einzigen Pinselstrich zieht man einen Kreis und lässt dabei dem Bewusstsein völlige Freiheit.

Die Kunst der Wiederholung

Die japanischen Kalligrafen zeichnen das Ensō, jenes Symbol des japanischen Minimalismus, indem sie nur ein einziges Mal ansetzen und sich nicht darum kümmern, ob die Tinte spritzt oder der Kreis unvollkommen ist.

Das perfekte Ensō gibt es nicht. Ein Enso kann geschlossen oder offen sein, keines gleicht dem vorherigen. Jedes Ensō ist anders und einzigartig. Laut der japanischen Wabi-Sabi-Philosophie liegt wahre Schönheit in dem, was so unvollkommen, flüchtig und unvollständig ist wie die Natur.

»Das Ensō ist eine Fotografie des Geistes,
eine unmittelbare Projektion des Bewusstseins.
Mit dem Ensō können wir viel mehr ausdrücken
als mit Worten.«

Sho Teramoto
(eine der berühmtesten Kalligrafinnen Japans)

Beim Ensō-Zeichnen kommt es nicht darauf an, ob man bessere oder schlechtere Kreise malt. Das Wesentliche ist die Wiederholung des Vorgangs.

Mit Wiederholung arbeiten auch die Kampfkünste, die »Martial Arts«. Für die körperliche und geistige Verinnerlichung dessen, was man erlernen will, ist die Wiederholung einfacher Bewegungen unabdingbar. Jeder Japaner muss noch vor dem achtzehnten Lebensjahr fast zweitausend Kanji-Schriftzeichen lernen, auch das gelingt ihm einzig und allein mittels Wiederholung.

Uns westlichen Menschen mag es langweilig oder banal erscheinen, zigmal die gleichen Linien zu ziehen, um ein einziges Schriftzeichen zu erlernen, oder einen Tag lang nur Ensōs zu malen. Wiederholung aber schult unsere Seele in der Kunst der Geduld, eine elementare Voraussetzung für beharrliches Festhalten an unserem *Ikigai*.

Im Zen-Buddhismus heißt es, das Ensō verrate etwas über das Wesen dessen, der es gezeichnet hat. Es sei ein Abbild der Persönlichkeit des Zeichnenden und ein Spiegel unseres *Mu*, ein japanisches Wort für Leere oder Nichts.

Das neue, kreisförmige Apple-Gebäude war angeblich eine der letzten Ideen von Steve Jobs, den das Ensō und seine eigene jahrelange Zen-Erfahrung dazu angeregt haben sollen.

Ein Diebstahl im Haus des Kalligrafen

Bevor wir uns in der Schlussübung dieses Kapitels der Essenz des Ensō nähern, möchten wir Ihnen von Ryokan Taigu (1758–1831) erzählen, einem von Steve Jobs bewunderten Zen-Mönch.

Taigu führte das Leben eines Einsiedlers und widmete sich der Poesie und der Kalligrafie. Er gilt bis heute als einer der besten japanischen Kalligrafen aller Zeiten, und seine Ensōs hängen in verschiedenen Museen der Stadt Kyoto.

Einer Anekdote zufolge ertappte der Mönch eines Nachts einen Dieb, der bei ihm eingedrungen war und das ganze Haus durchsucht, aber nichts Wertvolles gefunden hatte.

»Du solltest nicht ohne etwas gehen«, sagte Ryokan Taigu zu dem Dieb, »hier, ich schenke dir meine Kleidung.«

Der Dieb nahm die Kleidung entgegen und verschwand. Nun fühlte sich der Mönch nackt, und während er so durchs Fenster in die Nacht hinausschaute, dachte er: »Armer Dieb, hätte ich ihm doch diesen schönen Mond schenken können.« Als der Morgen anbrach, holte Ryokan Taigu seinen Pinsel und die japanische *sumi-e*-Tusche hervor und schrieb folgenden Haiku:

盗人に取り残されし窓の月
ぬすっとに　とりのこされし　まどのつき

Der Dieb vergaß das Wichtigste:
Den Mond
Vor meinem Fenster

WIE MAN EIN ENSO ZEICHNET

Vorbemerkung: Denken Sie beim Malen nicht darüber nach, ob Sie den Pinselstrich korrekt ziehen oder nicht. Geben Sie sich einfach der kreisenden Bewegung Ihrer malenden Hand hin. Es kommt ganz wesentlich darauf an, dass Ihr Geist nicht von rationalem Denken blockiert wird, damit Körper, Arm und Hand in schöpferischer Freiheit agieren können.

1. Kaufen Sie sich einen Pinsel und schwarze Tusche. Oder benutzen Sie einfach einen dicken Filzstift. Besorgen Sie sich außerdem hochwertiges weißes Papier.
2. Bevor Sie mit dem Zeichnen beginnen, atmen Sie einmal tief ein, nehmen Sie dabei so viel Luft auf, wie Sie können, und stoßen Sie möglichst viel Luft wieder aus.
3. Zeichnen Sie den Kreis mit einem einzigen Pinselstrich. Die Hand darf dabei nicht das Papier berühren, da die Bewegung mit dem ganzen Arm ausgeführt werden soll.

Shodokas (professionelle japanische Kalligrafen) setzen beim Zeichnen eines Enso sogar ihren ganzen Körper ein. Deshalb knien oder stehen sie dabei.

4. Bewerten Sie den Kreis, den Sie gemalt haben, nicht. Er kann offen oder geschlossen sein, symmetrisch oder asymmetrisch … Wie er aussieht, ist egal!

5. Zeichnen Sie nun den nächsten Kreis.

Schlussbemerkung: Das Ensō-Zeichnen bietet sich auch an als Einleitung zu einer weiteren regelmäßigen Übung, die unseren Geist von Sorgenballast befreien soll. Wenn wir es zum Beispiel vor dem Tagebuchschreiben praktizieren, kann es unseren Gefühlen den Weg ins Bewusstsein ebnen, wodurch sie uns leichter in die Feder fließen.

27. Station – Kōan

Die Macht des lateralen Denkens

Die japanische Kultur liebt gewundene Wege, wie die Kreisform des Ensō uns zeigte. Daher erwartet ein spiritueller Meister auch kein Auswendiglernen von Sinnsprüchen, sondern greift lieber auf ungewöhnliche Lehrmittel zurück, damit der Schüler selbstständig zur Erkenntnis gelangt.

Eines der Lehrwerkzeuge des Zen-Buddhismus ist das Kōan, eine verwirrende Frage, mit der die gängigen Muster des logischen Denkens durchbrochen werden, um das laterale Denken des Schülers zu aktivieren. Mit derartigen philosophischen Rätseln soll das Vordringen ins Unbewusste erleichtert werden, die paradoxen Fragen den Geist zum *Satori*, zur plötzlichen Erleuchtung, führen. Da rationales Denken bei der Lösung eines Kōan nicht weiterhilft, taucht eine Antwort meist spontan im Geist des Schülers auf und fällt mitunter ebenso verblüffend aus wie die Frage.

Sogenannte *Mondos* wie der, den wir im Folgenden wiedergeben, veranschaulichen die eigenartige Form des Dialogs zwischen Meister und Schüler.

Ein Mönch fragte seinen Meister:
»Welchen Weg muss ich nehmen?«
»Wie schön ist dieser Berg«, antwortete der Meister.
»Ich frage dich nicht nach dem Berg, sondern
nach dem Weg«, erwiderte der Mönch.
»Solange du den Berg nicht überwindest, wirst du
den Weg nicht finden«, antwortete der Meister.

Dieses Gespräch zwischen Mönch und Meister lässt sich auf verschiedene Arten interpretieren, und beim Lesen verspürt man geradezu den Impuls, etwas zu erwidern und das Gespräch mit dem Meister fortzusetzen.

In Zen-Klöstern gibt der Meister seinem Schüler nur ein einziges Kōan auf, mit dem sich dieser mehrere Tage befassen und das er sich als Meditationsobjekt vornehmen soll. Manche Mönche beschäftigen sich sogar jahrelang mit einem einzigen Kōan.

Die Konzentration auf ein Kōan ist weniger ein Akt des Lernens als vielmehr eine Selbstbeobachtung. Da das laterale Denken, die Intuition des Schülers, aktiviert wird, beginnt dieser klarer zu sehen und bittet schließlich um ein *Dokusan*, ein Gespräch unter vier Augen mit seinem Meister. Wenn der Meister am Ende der Begegnung der Meinung ist, der Schüler sei reif für den nächsten Schritt, gibt er ihm ein neues Kōan auf. Andernfalls muss dieser fortfahren, sein Kōan zu ergründen.

Der Zen-Philosophie zufolge entfernt uns logisches Denken vom Wesenskern des Universums.

Laterales versus vertikales Denken

»Jeder von uns stand schon einmal vor einem scheinbar unlösbaren Problem, bis plötzlich eine überraschend einfache Lösung auftauchte. Ist eine solche Lösung einmal gefunden, erscheint sie uns derart offensichtlich, dass wir nicht begreifen, warum sie so schwer zu finden war. Möglicherweise liegt es daran, dass solche Probleme nur sehr schwer durch vertikales Denken zu lösen sind.

Laterales Denken dagegen richtet sich nicht ausschließlich auf die Lösung des Problems, es zieht auch neue Sichtweisen und die verschiedensten neuen Ideen in Betracht.«

Edward de Bono, Laterales Denken. Ein Kurs zur Erschließung Ihrer Kreativitätsreserven

Die passende Antwort auf ein Kōan kann zum Beispiel auch darin bestehen, dem Lehrer eine Ohrfeige zu geben, mit einer Geste einen sich im Wind wiegenden Zweig anzudeuten oder das Papier zu zerreißen, auf dem das Kōan steht, und die Fetzen zu Boden zu werfen.

Eine richtige oder falsche Antwort gibt es nicht. Je kreativer sie ist und je weniger rational, umso so eher geht dem Schüler ein Licht auf.

Einige Kōans als Einstieg

Sollten auch Sie sich an Kōans versuchen wollen, so finden Sie hier eine Liste von Fragen, mit denen Sie Ihr laterales Denken erproben können:

- Wie hört sich das Klatschen einer einzigen Hand an?
- Warum hat dein Hund die ganze Nacht gebellt?
- Wenn du Buddha triffst, töte ihn!

- Warum fliegt der Vogel nicht?
- Wie sah unser ursprüngliches Gesicht aus, bevor unsere Eltern uns zur Welt brachten?
- In der Wüste ist zu viel Wasser. Was ist Wasser?
- Wie kann man ein Einhorn retten?

EIN KŌAN LÖSEN

Ein einfacher Weg zur Erforschung und zum Studium dieser Zen-Methode könnte folgendermaßen aussehen:

1. Wählen Sie eines der Rätsel aus der Liste aus.
2. Denken Sie über die einzelnen Bestandteile des *Kōan* nach.
3. Analysieren Sie die Handlung, zu der es auffordert.
4. Lassen Sie die Bestandteile und die Handlung des *Kōan* in Ihr Unterbewusstsein eindringen und dort verweilen, bis eine »intuitive Antwort« auftaucht. Versuchen Sie nicht, möglichst schnell eine solche zu finden. Das *Kōan* ist wie ein Samen, den wir in unserem Innern pflanzen. Es dauert seine Zeit, bis er gedeiht.

Lassen Sie das *Kōan* so lange in Ihrem Unterbewusstsein arbeiten wie nötig. In stressigen Momenten des Tages können Sie über das *Kōan* meditieren, um Ihren Geist auf die Gegenwart zu fokussieren, und es als eine Art Medizin gegen Stress wirken lassen.

Nachdem Sie diese Übung mit einem halben Dutzend *Kōans* gemacht haben, können Sie sich auch selbst einige ausdenken, zum Beispiel vor einer Brainstorming-Sitzung – falls Sie in einem Team arbeiten – oder zum Spaß, unter Freunden, um Ihr laterales Denken zu aktivieren.

28. Station – Achtsamkeit

Ungeteilte Aufmerksamkeit kultivieren

Nicht nur laterales Denken, auch Achtsamkeit eignet sich hervorragend für die Arbeit am eigenen *Ikigai*, da sie uns erlaubt, im Flow zu sein und uns intensiver mit dem zu beschäftigen, was wir gerade tun.

Das Konzept der Achtsamkeit (engl. *mindfulness*) hat erst vor Kurzem Einzug in unsere westliche Kultur gehalten, in der fernöstlichen Welt dagegen wird Achtsamkeit im Grunde schon seit über zweitausend Jahren in den verschiedenen Meditationsschulen praktiziert.

Achtsamkeit ist ein Zustand, in dem man seine volle Aufmerksamkeit auf den gegenwärtigen Augenblick richtet und sich in Ruhe und ohne Vorurteile Gefühle, Empfindungen und körperliche Regungen bewusst macht, das heißt, ein Zustand, in dem man den gegenwärtigen Augenblick intensiv wahrnimmt, also ganz im Hier und Jetzt lebt.

So eigenartig es klingen mag, die meiste Zeit sind wir gerade nicht in einem solchen Zustand. Ständige Eile, unsere Arbeit, der Lärm um uns herum führen immer wieder dazu, dass wir uns innerlich aus der gegenwärtigen Situation entfernen und uns nur noch mit unseren Gedanken beschäftigen.

»Wenn wir uns permanent mit eingeschaltetem Autopilot durchs Leben bewegen, wird uns kaum bewusst, was am wichtigsten für uns ist. So bedauern zum Beispiel viele Menschen um die fünfzig oder

sechzig, dass sie ihren Kindern, als diese klein waren,
nicht genügend Aufmerksamkeit geschenkt haben.
Sie waren zu sehr mit ihrer Arbeit beschäftigt oder
haben die Kinder genauso behandelt, wie sie selbst
einst behandelt wurden, und dabei vergessen,
wie schmerzhaft das war.«

Sharon Salzberg

Gegenwartstraining

Sich auf die Gegenwart zu konzentrieren, ist das beste Mittel, um zu verhindern, dass einen später Gewissensbisse quälen, deren Ursprung in der Vergangenheit liegt. Achtsamkeit ermöglicht uns dies.

Falls Sie Ihr *Ikigai* bereits gefunden haben, konzentrieren Sie sich mit Ihren fünf Sinnen darauf, als gäbe es nichts Wichtigeres im Leben. Schieben Sie alles andere beiseite, machen Sie aus Ihrer Passion Ihr Universum, und vergessen Sie die Zeit, solange Sie sich dort aufhalten.

Haben Sie Ihr *Ikigai* noch nicht gefunden, lenken Sie all Ihre Aufmerksamkeit auf die Suche danach. Aber tun Sie es spielerisch, mit Glücksgefühlen. So wie Mutter Theresa es empfohlen hat: »Sei in diesem Augenblick glücklich, das genügt. Wir brauchen nicht mehr als den Augenblick.«

Wenn wir uns bewusst machen, dass jeder Augenblick einzigartig ist, brauchen wir nicht länger nach dem Glück zu suchen.

Der Zen-Meister Osho war der Überzeugung, das beste Gegenwartstraining bestehe darin, sich ohne ein bestimmtes Ziel einem mentalen Zustand zu überlassen und dabei alle Hoffnung auf ein Ergebnis aufzugeben.

VIER ÜBUNGEN ZUM ERLERNEN VON ACHTSAMKEIT

1. Die menschliche Statue

Setzen Sie sich hin, oder bleiben Sie stehen, verharren Sie in völliger Ruhe, und denken Sie bewusst an jeden einzelnen Teil Ihres Leibs. Achten Sie in diesem vollkommen reglosen Zustand auf jeden Muskel Ihres Körpers.

2. Fünf Sinne, fünf Empfindungen

Mit dieser Übung entwickeln Sie ganz bewusst Ihre Fähigkeit, das wahrzunehmen, was Sie umgibt. Denken Sie an fünf Empfindungen, die Sie hier und jetzt mittels Ihrer fünf Sinne erleben.

3. Langsamkeit

Bei dieser Übung geht es darum, alles so langsam wie möglich zu machen. Nehmen Sie sich zum Beispiel beim Essen viel Zeit zum Kauen, spüren Sie dem Geschmack des Essens nach, genießen Sie seinen Anblick und seinen Duft sowie das anschließende Sättigungsgefühl.

4. Rufen Sie sich zurück

Diese Übung soll Ihre Aufmerksamkeit auf Ihre Gedanken lenken. Jedes Mal, wenn Sie merken, dass Sie etwas Negatives denken, sich Sorgen machen oder abgelenkt sind von dem, was Sie gerade in den Händen haben, rufen Sie sich bei Ihrem Namen. So kehren Sie in die Gegenwart zurück und machen sich bewusst, dass Sie im Begriff waren abzudriften.

29. Station – Serendipität

Wenn Zufälle Glücksfälle sind

Ist Ihnen schon einmal durch den Kopf gegangen, dass die besten Dinge im Leben, auch bestimmte folgenreiche Entdeckungen, sich mitunter ganz zufällig ergeben? In diesem Kapitel sprechen wir über Serendipität.

Es war der britische Schriftsteller Horace Walpole, der im 17. Jahrhundert erstmals das englische Wort *serendipity* in einem Brief an einen Freund benutzte. Er erzählte ihm darin von den Protagonisten des persischen Märchens *The Three Princes of Serendip*, die auf ihren Reisen immer wieder unerwartete Entdeckungen machten.

Die drei Prinzen blieben nicht in ihrem Schloss und warteten dort auf ihr Glück, umgeben von Reichtum und in der Hoffnung, Gutes zu erleben. Sie waren klug und tapfer, gaben nie auf und setzten ihre Glückssuche selbst dann fort, wenn die Dinge schlecht liefen.

»Suche etwas, finde etwas anderes und stelle fest,
dass das, was du gefunden hast, dir besser gefällt als das,
was du zu suchen glaubtest.«

Lawrence Block

Serendipität ist keine Zauberei

In der Welt der Wissenschaft weiß man sehr wohl, dass viele Entdeckungen dem Zufall zu verdanken sind. Die wohl berühmteste ist die Entdeckung des Penicillins.

Der schottische Mediziner Alexander Fleming hatte im Labor eine Petrischale mit Staphylokokken vergessen und bemerkte erst nach einiger Zeit, dass sich auf dem Nährboden der Schale ein Schimmelpilz gebildet und eine bestimmte Art von Bakterien getötet hatte. Statt diese Beobachtung zu ignorieren, begann er nachzuforschen, was genau geschehen war.

In der Pharmaindustrie weiß man heute, dass exaktes Planen nicht immer zu den besten Ergebnissen führt, und nimmt daher häufig auch unverhoffte, zufällige Ereignisse in die Forschungsprotokolle auf. So erhöht sich die Wahrscheinlichkeit von Serendipität.

Serendipität ist keine Zauberei. Was wäre passiert, wenn Fleming die Petrischale einfach weggeworfen hätte? Oder wenn er sein Labor stets ordentlich aufgeräumt und die Petrischale gar nicht erst vergessen hätte?

Serendipität macht uns zu wichtigen Akteuren im eigenen Leben und *verlangt von uns, dass wir aufmerksam auf alles achten, was um uns herum geschieht, besonders auf alles Ungewöhnliche*: auf scheinbare Verwechslungen, Irrtümer, vermeintlich unbedeutende Ereignisse … die vielleicht höchst bedeutsam sind!

Ein sehr produktiver Besuch

Die optischen Schnittstellen, die den Macintosh charakterisierten, wurden nicht von Steve Jobs persönlich erfunden. Aber da er ein aktiver und neugieriger Mensch war, war er in der Lage, sich Kenntnisse anzueignen und Ideen zu entwickeln. Und zweifellos spielte auch die Tatsache eine Rolle, dass er zur rechten Zeit am rechten Ort war. Mehrere seiner Mitstreiter hatten ihn gedrängt, das Forschungslabor von Xerox PARC zu besichtigen. Es war nicht einfach gewesen, ihn zu überreden, da Jobs sich für das, was dort entwickelt wurde, nicht sonderlich interessierte. Aber schließlich gab er nach. Die technologischen Neuerungen, auf die Jobs bei diesem Besuch stieß, waren der Funke, der in seinem Geist eine Ideenkette auslöste, die die Geschichte der Informatik für immer verändern sollte.

Öffnen Sie dem Unerwarteten die Tür

Hat jemand Sie zu einer Reise eingeladen, und Sie haben Nein gesagt? Hat ein Kunde Ihnen vorgeschlagen, sein Forschungslabor zu besichtigen, Sie aber haben abgelehnt, weil Sie zu beschäftigt waren? Hat man Sie für kommenden Freitag zu einer Veranstaltung oder einem Fest eingeladen, und Sie haben keine Lust hinzugehen?

Vielleicht sollten Sie häufiger Ja sagen, denn Sie können nie wissen, ob nicht irgendwo eine Inspiration auf Sie wartet, die Ihr *Ikigai* wachrufen könnte.

Serendipität hilft uns, Dinge zu entdecken, von denen wir gar nicht wussten, dass wir sie nicht kannten. Wir Menschen neigen dazu, dem Unbekannten aus dem Weg zu gehen, wir fühlen uns in unserer Alltagsroutine am sichersten. Doch *wenn wir unsere Komfortzone nicht verlassen, entdecken wir auch nichts, von dem wir keine Ahnung haben, dass wir es nicht kennen.*

Die beste Voraussetzung dafür, dass die Wahrscheinlichkeit unerwarteter Ereignisse steigt, ist die Schaffung günstiger Bedingungen. Am besten erzeugt man Serendipität, indem man Signale vom Typ »Hey, hier bin ich, das bin ich, und das mache ich gern!« in die Welt aussendet.

Wenn Sie immer zu Hause bleiben und am liebsten vor dem Fernseher sitzen, wird niemand auf Sie zukommen, und nichts wird passieren. Wenn Sie immer alleine Kaffee trinken gehen und sich nie mit jemandem verabreden, werden Sie weiterhin allein hinter Ihrer Zeitung sitzen, ohne dass etwas geschieht.

Serendipität zu erzeugen, verlangt Dynamik. Man muss sich bewegen, aktiv werden, damit sich Situationen ergeben, in denen genügend ungeplante und ungesteuerte Dinge passieren, sodass der Glücksfall eintreten kann.

DREI WEGE ZUR SERENDIPITÄT

Die Methoden zur Erzeugung von Serendipität kann man in drei Kategorien unterteilen:

1. **Signale aussenden:** verkünden, dass man existiert, und mitteilen, was man denkt und tut.

2. **Die Zufallschancen im eigenen Leben erhöhen.**

3. **Ausgehen und reisen.** Denn es kommt vor allem darauf an, zur rechten Zeit am rechten Ort zu sein.

Hier einige Anregungen, wie man *Signale aussendet,* die zur Entstehung von Serendipität beitragen können:

- *Publizieren Sie etwas in den sozialen Netzwerken.* Weniger als ein Prozent der Nutzer erstellen Webinhalte. Wenn Sie also etwas im Internet veröffentlichen, gehören Sie nicht länger zu den übrigen neunundneunzig Prozent. Schreiben Sie, was Sie denken, kommentieren Sie den Film, den Sie zuletzt gesehen haben, oder veröffentlichen Sie Fotos von interessanten Orten.

- *Schreiben Sie dem Autor eines Buchs, das Ihnen gefallen hat, eine E-Mail, oder schicken Sie dem Regisseur eines Films, den Sie kürzlich gesehen haben, eine Nachricht über die sozialen Netzwerke.* Selbst wenn er Ihnen nicht antwortet, freut er sich bestimmt und ist Ihnen dankbar! Übrigens – was wäre, wenn er Ihnen antwortet?

- *Lassen Sie sich eine Visitenkarte drucken* – keine zu haben, ist in Japan undenkbar –, und geben Sie sie allen Leuten, die Ihnen im Zusammenhang mit Ihrem *Ikigai* nützlich sein könnten. Wenn jemand Ihnen seine Visitenkarte gibt, schreiben Sie ihm am nächsten Tag eine E-Mail.

- *Bieten Sie jemandem, bei dem Sie dies normalerweise nicht tun würden, Ihre Hilfe an.*

- *Bitten Sie selbst um Hilfe bei einer Sache, die Sie normalerweise ohne Unterstützung bewältigen.*

Einige Ideen, wie Sie Zufallsereignisse provozieren können, um in Ihrem Leben *die Chancen* für einen Glücksfall *zu erhöhen*:

- *Veranstalten Sie ein Abendessen, zu dem Sie Freunde einladen, die sich untereinander nicht kennen.*

- *Verabreden Sie sich auf einen Kaffee mit jemandem, den Sie kaum kennen, bei dem Sie aber das Gefühl haben, zwischen Ihnen könnte sich echte Freundschaft entwickeln.*

- *Bringen Sie zwei Menschen zusammen, die sich nicht kennen,* falls Sie annehmen, die Chemie zwischen den beiden könnte stimmen.

- *Veranstalten Sie ein Fest zu einem originellen Thema.*

- Falls Sie eine Leitungsfunktion in einer Firma innehaben und mehr Serendipität schaffen möchten, *ermöglichen Sie Ihren Mitarbeitern durch räumliche Veränderungen einen stärkeren Austausch*. Richten Sie zum Beispiel eine Zone mit einer Cafeteria ein, in der Ihre Mitarbeiter sich wohlfühlen, gerne zusammensitzen und sich unterhalten. Wie schon im Kapitel über das Ensō erwähnt, hat Apple seine Firmenzentrale kreisförmig angelegt, damit die Mitarbeiter sich durch das gesamte Gebäude und alle Abteilungen bewegen. Vor seinem Tod bat Steve Jobs seine Architekten um den optimalen Entwurf, um »Zufallsbegegnungen« zwischen seinen Mitarbeitern zu fördern.

- *Folgen Sie Personen oder Medien in den sozialen Netzwerken, oder lesen Sie Websites zu Dingen, die Sie normalerweise nicht interessieren.* Bei auf den ersten Blick nicht miteinander verwandten Themen erhöht sich die Wahrscheinlichkeit, dass in unserem Geist kreative Verbindungen entstehen.

- *Lesen Sie ein Buch aus einer Gattung oder über eine Thematik, die Sie normalerweise nicht interessiert.*

- *Befassen Sie sich mit einem neuen Wissensgebiet.* Erwerben Sie neue Kenntnisse und Fertigkeiten, lernen Sie Sprachen, praktizieren Sie neue Sportarten. So haben Sie größere Chancen, irgendwann zur rechten Zeit am rechten Ort zu sein.

- *Tun Sie etwas, was Sie noch nie zuvor getan haben.*

Einige Ideen zum Thema *Ausgehen und reisen,* damit sich für Sie die Wahrscheinlichkeit erhöht, sich zur rechten Zeit am rechten Ort zu befinden:

- *Verreisen Sie häufiger.* Am besten mit Freunden oder an Orte, wo Freunde wohnen, die Sie in das lokale Leben einführen können.
- *Legen Sie kürzere Strecken zu Fuß zurück, statt das Auto oder öffentliche Verkehrsmittel zu benutzen*, und achten Sie auf das, was Ihnen unterwegs begegnet.
- *Nehmen Sie einen anderen Weg zur Arbeit.*
- *Gehen Sie in ein Restaurant, in dem Sie noch nie waren.*

30. Station – RAK

Random Acts of Kindness

RAK, die Abkürzung von »random acts of kindness«, auf Deutsch »zufällige Akte der Freundlichkeit«, ist ein Begriff, der Anfang der Achtzigerjahre von der Schriftstellerin Anne Herbert geprägt wurde. Gemeint sind kleine Freundlichkeiten oder Handlungen zur Aufmunterung anderer Menschen.

Ein RAK kann etwas sehr Einfaches sein, wie jemanden zum Lächeln zu bringen oder jemandem entgegen unserer Gewohnheit Komplimente zu machen, kann aber auch mit einer Verpflichtung verbunden sein wie der Übernahme einer ehrenamtlichen Aufgabe in einer Gemeinde.

Das Buch, das Anne Herbert zu diesem Thema verfasst hat – *Random Acts of Kindness and Senseless Acts of Beauty* (was »Zufällige Akte der Freundlichkeit und sinnlose Akte der Schönheit« bedeutet) –, wurde von der Japanerin Mayumi Oda illustriert.

Gutes im Schlechten

Die Illustrationen der Malerin, die als »japanischer Matisse« gilt, zeigen zunächst, wie die Tiere im schwarzen Regen nach dem Bombenabwurf von Hiroshima sterben. Nach und nach aber tun sich Katzen, Schlangen, Kaninchen, Frösche und Junghirsche zusammen, und jeder übernimmt eine kleine altruistische Aufgabe, um den anderen zu helfen.

Ein Tier pflanzt einen Baum, ein zweites zieht Kartoffeln, wieder andere suchen nach Nahrung, und die Eichhörnchen singen und tanzen in der Nacht, um allen Mut zu machen, ein neues Leben nach der atomaren Katastrophe zu beginnen.

Die Botschaft des Buchs lautet, dass man Gewalt und Hass nicht mit Gleichem vergelten soll, sondern mit willkürlichen Akten der Schönheit oder Freundlichkeit. Damit erreicht man genau das Gegenteil von Krieg: Man stärkt die Liebe zwischen den Menschen.

»Was du gibst, gibst du dir selbst.
Was du nicht gibst, nimmst du dir weg.«

Alejandro Jodorowsky

Größe im Kleinen

Befragungen im Rahmen von Studien haben ergeben, dass freundliche Menschen glücklicher sind. Offenbar besteht eine unmittelbare Wechselbeziehung zwischen unserem Maß an Selbstlosigkeit und unserer persönlichen Zufriedenheit.

Japan ist ein Land, das relativ häufig von Naturkatastrophen heimgesucht wird. Diese erinnern seine Einwohner immer wieder daran, dass sie einander helfen müssen, und sei es mit Kleinigkeiten.

Im April 2016 zerstörte ein Erdbeben mehrere Dörfer in der Präfektur Kumamoto und brachte vielen Menschen den Tod. Unser Freund Kiyota, ein namhafter Ingenieur aus Tokio, beschloss damals, seine Arbeit für zwei Wochen ruhen zu lassen, und nahm den Zug nach Kumamoto. Dort richtete er einen Stand ein, an dem er heißen Kaffee an all jene ausgab, die ihr Dach über dem Kopf verloren hatten.

Über die sozialen Netzwerke wurde sein Kaffeestand derart berühmt, dass er eine Website einrichtete, auf der er Geld für die Opfer sammelte. Innerhalb weniger Tage kamen mehrere zehntausend Euro zusammen.

Alles hatte mit etwas so Einfachem begonnen, wie gratis Kaffee auszuschenken.

Bisweilen zermartern wir uns den Kopf darüber, wie wir die Welt verbessern könnten, dabei geht es häufig nur darum, freundliche Hilfsbereitschaft zu zeigen. Alles Weitere ergibt sich meist von selbst.

Falls Sie Ihr *Ikigai* noch nicht gefunden haben, könnten Sie sich den Dienst an Ihren Mitmenschen oder Ihrer Gemeinde zur Aufgabe machen.

Haben Sie bereits ein *Ikigai*, überlegen Sie sich, wie Sie mit dem, was Sie mit Leidenschaft betreiben, zu einer besseren Welt beitragen könnten.

IDEEN FÜR ZUFÄLLIGE AKTE DER FREUNDLICHKEIT

Möglichkeiten gibt es fast so viele, wie Menschen Bedürfnisse haben. Sollten Sie dennoch Anregungen für RAKs benötigen, finden Sie hier ein paar Beispiele, wie Sie Ihr Leben um eine mitmenschliche Dimension erweitern könnten:

- Schenken Sie der Bedienung im Café ein Lächeln.
- Schreiben Sie einem Kollegen oder einer Kollegin eine kleine Dankesbotschaft für einen erwiesenen Gefallen, und legen Sie ihm/ihr den Zettel auf den Schreibtisch.

- Sagen Sie jemandem, wie gut ihm sein neuer Haarschnitt steht, oder machen Sie ihm ein Kompliment zu seiner Kleidung.
- Schicken Sie einem Freund oder einer Freundin eine liebevolle Nachricht. Gerade in engen Freundschaften vergisst man oft, einander seine tiefe Zuneigung zu versichern.
- Werfen Sie einem Straßenmusiker eine Münze in den Hut.
- Spendieren Sie dem Hausmeister oder den Reinigungskräften an Ihrem Arbeitsplatz einen Tee oder Kaffee.
- Statt sich mit der beliebtesten Person aus Ihrem Bekanntenkreis zu treffen, trinken Sie auch mal einen Kaffee mit der schüchternsten und einsamsten. Die braucht es am meisten.
- Verzeihen Sie einem Menschen, mit dem Sie schon eine ganze Weile zerstritten sind.
- Überweisen Sie einem Verein oder Verband Ihres Vertrauens eine Spende.
- Kaufen Sie ein Buch, das Ihnen gut gefallen hat, und schenken Sie es einem Freund oder einer Freundin.
- Sagen Sie Ihrem Chef, wie sehr Sie seine Arbeitsweise schätzen. Chefs bekommen selten Komplimente, meistens ernten sie nur Kritik.
- Nehmen Sie sich einen Tag frei, und unternehmen Sie mit einem gerade deprimierten Mitglied Ihrer Verwandtschaft oder Ihres Freundeskreises einen unvergesslichen Ausflug.

31. Station – Tastsinn

Die Wichtigkeit von Berührung

Wie lange ist es her, dass Sie jemanden innig umarmt haben? Vergessen Sie nicht, dass Ihr Körper und auch Ihr Geist hin und wieder eine Umarmung brauchen, um Energie zu schöpfen und Pläne verwirklichen zu können.

Die meisten Völker, die auch heute noch natürlich und erdverbunden leben, wissen, dass der Tastsinn für den Menschen genauso wichtig ist wie das Sehen oder Hören. *Körperkontakt mit anderen Menschen ist eine unverzichtbare Quelle der Liebe, die Geist und Seele speist.*

Gleichwohl widerstrebt es den Menschen der westlichen Kulturen immer mehr, einander zu berühren. Denn oftmals wird Berührung allzu schnell mit sexuellen Regungen assoziiert.

Vielleicht haben wir deshalb gelernt, zum Gruß die Hand auszustrecken, um den Abstand zu unseren Mitmenschen zu wahren.

»Berührungsmangel ist kein Leiden, von dem nur
wenige betroffen sind, es breitet sich vielmehr
spiralförmig in die Kultur hinein aus.
Die Unbeholfenheit und Unangebrachtheit im
Hinblick darauf, wo, wie und wen wir berühren,
ist ein Thema, das *alle* betrifft.
Berührung oder der Mangel daran betrifft Sie,
und zwar unabhängig davon, ob Ihnen überhaupt
bewusst ist, dass Sie Berührung brauchen,

ob Sie seit zehn oder fünfzehn Jahren ohne
Partner leben und unbedingt Sex haben wollen,
weil Sie keine intime Beziehung haben und außer
Sex keine Möglichkeit kennen, um mit anderen
Menschen in Berührung zu kommen, oder ob Sie
vielleicht sogar eine Familie und Kinder haben,
die Sie gerne lieben und berühren würden, und Sie
wissen nicht, wie Sie es annehmen sollen.«

Mariana Caplan
Berührung heißt Leben

Einer unserer wichtigsten Sinne

Mariana Caplan, promovierte Philosophin, Psychologin und Anthropologin, verdeutlicht anhand von Forschungsergebnissen, wie wichtig es ist, berührt zu werden und andere zu berühren.

Berührung ist etwas, was wir von klein auf lieben, fürchten und achten lernen. Wurden wir als Kinder gezwungen, Berührungen zu ertragen, die wir nicht mochten, wie etwa in die Wangen gekniffen zu werden oder Bekannten unserer Eltern einen Kuss zu geben, haben wir möglicherweise einen gewissen Widerwillen gegenüber Berührungen entwickelt, oder wir zwingen unsere Kinder unbewusst zu ähnlichen Dingen.

Auch das andere Extrem kann eintreten: Hat man uns in der Kindheit nicht besonders zärtlich behandelt, kann es durchaus sein, dass wir körperlichen Kontakt mit anderen Menschen als etwas Unangenehmes, Verunsicherndes empfinden.

Die Kinder aus Rumänien

Wie wohltuend die Erfahrung konkreter Zuneigung ist, veranschaulicht Boris Cyrulnik am Beispiel einer Gruppe von Kindern, die unter dem Ceaușescu-Regime in rumänischen Kinderheimen zusammengepfercht worden waren und die er später behandelte:

»Diese Kinder waren Opfer einer absurden Politik geworden: Die Frauen mussten Kinder auf die Welt bringen, hatten aber keine Möglichkeit, sie aufzuziehen. Die Heime quollen über, und niemand kümmerte sich um diese Kinder. Die Kleinen waren zwar gesund, aber da das Milieu krank war und ihnen keine Gelegenheit gab, mit anderen in Berührung zu kommen, hatte sich ihre körperliche und seelische Entwicklung verzögert. Sie verhielten sich wie Autisten, und als wir sie untersuchten, stellten wir Anzeichen von Hirnschwund fest. (...) Als Erstes holten wir sie aus den Heimen und brachten sie in Ersatzfamilien unter. Nach einem Jahr war kein Hirnschwund mehr festzustellen, es war zur sogenannten neuronalen Resilienz gekommen.

Denn bestimmte Handlungen, wie mit dem Betroffenen zu sprechen, ihn zu berühren, zu ernähren, zu tadeln oder zu belohnen, stimulieren das Gehirn und die Hormonausschüttung.«

Berührung neu erlernen

Das Gefühl der Verbundenheit mit anderen Menschen ist eine wichtige Voraussetzung für unsere emotionale Gesundheit. Daher ist es wichtig, dass wir lernen, uns anderen auf freundliche, gesunde und angstfreie Art zu nähern. Es geht nicht darum, überall auf der Straße Leute zu umarmen, wie es vor einigen Jahren mal Mode war, sondern den Menschen, die uns etwas bedeuten, unsere Zuneigung zu zeigen.

Menschen, die Berührung als etwas Natürliches erleben, haben größere Selbstachtung und sind entspannter. Um nochmals Caplan zu zitieren: »Wenn Menschen sich geliebt fühlen, weil ihr Leben von Berührung und Zuneigung erfüllt ist, dann berühren auch sie selbst andere Menschen auf ganz natürliche Weise – sei es durch einen einfachen Klaps auf die Schulter oder eine Berührung der Hand. Da sie sicher in sich ruhen, sind sie für die Reaktion des anderen Menschen offen, ohne sie jedoch zu erwarten. Ihr Gefühl der Sicherheit und der inneren Stabilität hängt nicht davon ab, wie andere Menschen auf sie reagieren. Sie berühren, um sich selbst zum Ausdruck zu bringen und anderen Menschen das Gefühl zu geben, dass sie umsorgt werden.«

Unser Spektrum an Vorschlägen wollen wir durch einen weiteren ergänzen: Lernen Sie, Freunde und Ihnen nahe stehende Menschen wieder zu berühren. Falls Sie sich dabei anfangs unwohl fühlen, beginnen Sie mit einem Händedruck, einem Klaps auf die Schulter oder damit, dem Betreffenden eine Hand auf den Arm zu legen.

Rasch werden Sie merken, dass nicht nur Sie sich besser fühlen, sondern dass sich im Gesicht des Menschen, den Sie berühren, Dankbarkeit zeigt.

BRINGEN SIE BERÜHRUNG IN IHR LEBEN

Dem Tastsinn, einem der am stärksten vernachlässigten Sinne, können wir durch eine Reihe von Verhaltensweisen die wichtige Rolle zurückgeben, die er in unserem Leben spielt:

1. Gewöhnen Sie sich an, Ihren Partner oder Ihre Partnerin und Ihre Familienmitglieder mit Umarmung und Küsschen zu begrüßen und zu verabschieden, selbst wenn Sie es eilig haben.
2. Wenn Sie mit Ihrer Partnerin oder Ihrem Partner zusammen sind, ergreifen Sie häufiger ihre bzw. seine Hand, damit Sie beide Ihre Verbundenheit auch körperlich spüren.
3. Begrüßen Sie auch Freunde, die Sie länger nicht gesehen haben, mit einer Umarmung.
4. Sprechen Sie liebevoll, mit Achtung und Dankbarkeit zu den Menschen in Ihrer Nähe. Schöne Worte sind wie Streicheleinheiten.

32. Station – Ungewissheit

Der beste Plan ist, keinen Plan zu haben

Stellen Sie sich vor, Sie sind versehentlich in einen Zug gestiegen, von dem Sie nicht wissen, wohin er fährt. Schließen Sie die Augen, und versetzen Sie sich in die Situation. Welche Gefühle tauchen auf? Anfangs mag die Ungewissheit beunruhigend wirken, aber dieses Gefühl wird vermutlich bald durch die natürliche Aufregung abgelöst, die mit unverhofften Abenteuern einhergeht.

Wir Menschen fühlen uns stets hin- und hergerissen zwischen dem Wunsch nach Freiheit und dem Bedürfnis nach Kontrolle. Große Ungewissheit versetzt uns in Stress. Andererseits erzeugt übermäßige Kontrolle ein Gefühl von Druck und den Wunsch, aus dem Gewohnten auszubrechen.

Ein Gleichgewicht zwischen Kontrolle und Ungewissheit zu finden, mit dem wir uns wohlfühlen, ist ein wichtiger Schlüssel zur Selbstverwirklichung.

Der gute Reisende

»Ich finde es witzig, dass es in japanischen Reiseführern immer in erster Linie um gute Restaurants geht«, bemerkte ich einmal beim Durchblättern eines Hawaii-Führers für Japaner.

»Besser als die westlichen Reiseführer, in denen immer nur berühmte Bauwerke und Monumente vorkommen«, erwiderte mein Arbeitskollege Toyoda.

»Haha, ihr denkt nur ans Essen!«

»Wenn du deine Reise von A bis Z durchplanst, gibst du dir gar nicht die Chance, die Menschen vor Ort kennenzulernen. Ich finde es besser, man reist, um das zu genießen, was man gern macht, als um die im Reiseführer angepriesenen Sehenswürdigkeiten zu fotografieren, als würde man eine To-do-Liste abarbeiten«, sagte Toyoda. »Meine Lieblingsbeschäftigung ist nun mal Essen!«

»Aber Sehenswürdigkeiten fotografieren, als würdet ihr Pokémon-Figuren sammeln, das macht auch ihr Japaner oft, wenn ihr durch Europa reist«, gab ich zurück.

»Hahaha, du hast recht. Ich glaube, ich bin ein ziemlich ungewöhnlicher Japaner, einer, der mehr das Abenteuer als das Planen liebt. Einer meiner Grundsätze im Leben ist der Satz von Laotse: ›Ein guter Reisender hat keine festen Pläne und nicht einmal die Absicht anzukommen.‹«

Héctor

»Mit wem« ist wichtiger als »wohin«

Eine zu detaillierte Planung schränkt unsere Möglichkeiten ein und birgt die Gefahr, dass aus einer – physischen oder mentalen – Reise eine langweilige Sache wird.

Übermäßiges Planen kann die feurigste Leidenschaft ersticken, Ungewissheit dagegen beschert einem täglich

Überraschungen. Deshalb ist es wichtig, dass Sie sich bei der Suche nach Ihrem *Ikigai* und auch bei seiner Umsetzung von Spontaneität leiten lassen.

Falls Sie Ihr Dorf oder Ihre Stadt für eine Weile verlassen wollen, überlegen Sie sich nicht schon vorher bis ins letzte Detail, was Sie sich in der Fremde alles anschauen werden, sondern machen Sie sich lieber Gedanken, mit wem Sie verreisen wollen. Wie im täglichen Leben sind *die Menschen, die einen auf Reisen begleiten, viel wichtiger als das, was man sehen wird.*

Je nach Reisegefährten kann die Unternehmung mehr oder weniger bereichernd sein, daher wählen Sie gut aus, mit wem Sie verreisen. Es sollten auf jeden Fall Menschen mit einer ähnlichen Einstellung sein wie Sie, da Sie unterwegs sicher hin und wieder Entscheidungen treffen müssen.

Mit einem perfekten Plan zu reisen ist so, als würde man einen Film sehen, nachdem man bereits das Drehbuch gelesen hat. Wenn Sie sich auf das Abenteuer des Reisens einlassen und Neues entdecken wollen, buchen Sie Ihren Flug, reservieren Sie ein Zimmer für die erste Nacht, und lassen Sie sich anschließend von Ihrem Instinkt leiten.

IDEEN FÜR EINE »IKIGAI-REISE«

Falls Sie eine Reise der besonderen Art unternehmen wollen, um sich Inspiration für Ihre Projekte zu holen, überfrachten Sie sie nicht. Setzen Sie sich wenige und stattdessen stark motivierende Ziele. Suchen Sie das Interessanteste heraus, was die Gegend, die mit Ihrer Passion zu tun hat, zu bieten hat.

Falls Sie sich zum Beispiel für Astronomie begeistern, buchen Sie ein Ticket nach Hawaii und planen Sie einen Besuch im Mauna-Kea-Observatorium, obwohl es wahrscheinlich auch näher liegende Möglichkeiten gibt. Sprechen Sie mit den Mitarbeitern des Observatoriums, und richten Sie sich auf Ihrer Reise nach deren Ratschlägen.

Hier ein paar Tipps, wie Sie eine Reise am besten gemäß Ihren eigenen Interessen statt nach den Vorgaben der Reiseführer gestalten:

- Halten Sie im Internet Ausschau nach Veranstaltungen, die an Ihrem Reiseziel angeboten werden und etwas mit einer Ihrer Leidenschaften zu tun haben: Falls Sie gerne tanzen, suchen Sie sich Tanzveranstaltungen heraus; gehen Sie gern ins Theater, reservieren Sie Tickets für eine Vorstellung; fotografieren Sie gern, melden Sie sich bei einer lokalen Gruppe oder einem Workshop an.

- Setzen Sie sich beim Spazierengehen kein festes Ziel, lassen Sie sich von Ihrer Neugier treiben.

- Folgen Sie an Ihrem Reiseziel den Wegen der Ortsansässigen. Wenn besonders viele Leute in eine bestimmte Richtung laufen, schließen Sie sich ihnen an, sicher werden Sie auf etwas Interessantes stoßen, vielleicht auf einen lokalen Markt, ein Festival, eine religiöse Feier …

- Übernachten Sie lieber privat als in Hotels. Nehmen Sie per Internet Kontakt zu Leuten auf, die Reisenden ihr Zimmer oder ihre Wohnungen zur Verfügung stellen.

- Buchen Sie nur das erste Flugticket und die erste Übernachtung. Überlassen Sie alles andere dem Zufall.

- Melden Sie sich aus der Ferne zu einem Nachmittags- oder Abendkurs an, zum Beispiel Yoga, Malen oder Kochen. Vor

Ort werden Sie Einheimische kennenlernen und einer der wenigen Reisenden sein, die sich trauen, an ihrem Reiseziel einen Kurs zu besuchen. Können Sie sich vorstellen, was für Leute Sie kennenlernen werden, wenn Sie zum Beispiel in Anchorage, in Alaska, für einen Nachmittag an einem Yoga-Workshop teilnehmen?

- Machen Sie sich keine Sorgen, falls nicht alles nach Wunsch verläuft, genießen Sie es vielmehr. Bei Ihrer Rückkehr werden Sie auf jeden Fall Interessantes zu erzählen haben.

33. Station – Kaizen

Sich stetig verbessern

Der japanische Begriff *Kaizen* bedeutet eigentlich »Veränderung zum Besseren«. Inzwischen ist er in der japanischen Industrie gang und gäbe und wird seit dem Zweiten Weltkrieg auch in der internationalen Wirtschaft verwendet. Heute würde man ihn eher mit »kontinuierlicher Verbesserungsprozess« oder »Philosophie der kontinuierlichen Verbesserung« übersetzen.

In den meisten Bereichen mit Verbesserungspotenzial ist stetes Hinarbeiten auf das angestrebte Ziel effizienter als eine große Aktion, mit der man Probleme schlagartig zu lösen versucht.

Toyotas Kaizen-Experimente

Unter den Großunternehmen war Toyota einer der Pioniere der Umsetzung des Kaizen-Prinzips zur Optimierung von Produktionsprozessen. Heute sind alle Mitarbeiter der Firma, von den Hausmeistern der Produktionswerke bis zu den Mitgliedern des Verwaltungsrats, am Kaizen beteiligt. Alle übernehmen Verantwortung, wenn es gilt, über die Einführung von Verbesserungen und die Abschaffung sogenannter *Muda* (»sinnlose Tätigkeiten, verschwendete Zeit«) zu entscheiden.

Natürlich geht es nicht nur darum, überflüssige Prozesse zu eliminieren, sondern auch um die Frage, ob das Arbeitsmilieu menschlicher wird oder nicht, wenn man Dinge streicht oder verändert. Entscheidungen werden nicht leichthin gefällt, zumal beim Kaizen viele Faktoren eine Rolle spielen. Ein Kernprinzip von Toyota besteht darin, keine raschen Veränderungen durchzuführen, sondern zuvor jedes Detail zu analysieren.

Diese Arbeitsphilosophie hat Toyota zum größten Autohersteller der Welt mit dem geringsten Anteil an Produktionsfehlern gemacht.

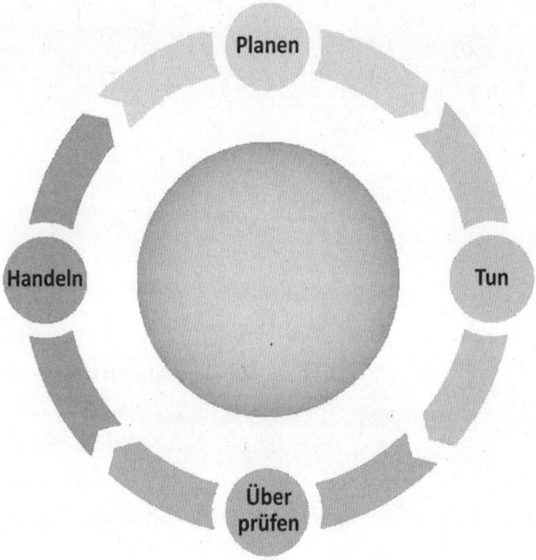

Der PDCA-Zyklus

Hat man vor, Kaizen anzuwenden, im wirtschaftlichen oder im persönlichen Bereich, so kann man sich am sogenannten PDCA-Zyklus orientieren. PDCA steht für das englische *Plan – Do – Check – Act*, im Deutschen *Planen – Tun – Überprüfen – Handeln.*

- Phase *P wie Plan (Planen)* ist die Phase, in der konkrete Ziele formuliert werden und man sich überlegt, wie die Zukunft nach Erreichen dieser Ziele aussehen wird. Hier müssen alle notwendigen Schritte zum geplanten Ziel detailliert beschrieben werden. Auf persönlicher Ebene würde diese Phase etwa dem Moment entsprechen, in dem wir uns am Jahresende hinsetzen, um unsere Neujahrsvorsätze aufzuschreiben.

- In Phase *D wie Do (Tun)* wird der in Phase P entworfene Plan umgesetzt. Jetzt geht es auch darum, Daten zu erheben. Im persönlichen Bereich könnte dies zum Beispiel so aussehen, dass man im Kalender die Tage der Woche einträgt, in denen man ins Fitnessstudio gegangen ist. Eine möglichst detaillierte Dokumentation ermöglichen heute verschiedene Angebote des Netzwerks »Quantified Self«, zum Beispiel Smartwatches, mit denen man täglich seine Gesundheitsdaten sammeln kann: Anzahl der gelaufenen Schritte, verbrauchte Kalorien, Zeit, die man mit der Beantwortung von E-Mails verbracht oder Projekt A gewidmet hat …

- In Phase *C wie Check (Überprüfen)* analysiert man die in Phase D gesammelten Daten und vergleicht die Resultate mit dem, was man in der Planungsphase P angestrebt hat. In dieser Phase müssen wir also untersuchen, ob wir von unserem Plan abgewichen sind, ob wir unsere Ziele erreicht haben oder nicht, und gegebenenfalls die Gründe dafür analysieren.

In seinem Buch *Kaizen: Der Schlüssel zum Erfolg der Japaner im Wettbewerb* rät Masaaki Imai, sich unbedingt Fragen wie die folgenden zu stellen:

- Warum hat etwas nicht wie geplant funktioniert?
- Warum gelingt es uns nicht, diesen Prozess effizienter zu gestalten?
- Warum sind wir in den ersten beiden Wochen des Jahres ins Fitnessstudio gegangen und danach nicht mehr?

Natürlich können wir uns Fragen aller Art stellen. Am wichtigsten sind jedoch die Warum-Fragen, die uns zur Ursache oder, wie Masaaki Imai sagte, zur »Wurzel des Problems« führen sollen. Die Erkenntnis, warum etwas nicht planmäßig verlaufen ist, bestimmt alle künftigen Veränderungen.

- Phase *A wie Act (Handeln).* Wenn die Dinge in Phase D gut gelaufen sind (was wir in Phase C überprüfen können), machen wir in der Phase des Handelns weiter wie bisher. Hat in Phase D einiges nicht gut funktioniert, müssen wir Korrekturen vornehmen.

  Stellen wir uns beispielsweise vor, wir hätten bislang jeden Morgen eine halbe Stunde Klavier gespielt, aber in Planungsphase P beschlossen, statt morgens zu spielen, uns jeden Abend nach dem Essen eine Stunde ans Klavier zu setzen, um uns auf ein Konzert vorzubereiten.

  Einen Monat lang spielen wir in Phase D (Tun) nicht mehr morgens eine halbe Stunde Klavier, sondern abends eine ganze. Am Ende des Monats analysieren wir in Phase C (Überprüfen), ob das abendliche Üben tatsächlich besser geklappt hat als das am Morgen, und fragen uns:

- Haben wir wirklich jeden Tag eine Stunde gespielt, oder haben wir das Üben mehrmals ausfallen lassen, weil wir abends zu müde waren?
- Sind wir eher Nachtmenschen und haben sogar mehrmals am Abend länger als eine Stunde gespielt, weil es gut klappte und wir konzentriert bei der Sache waren?

Nach der Beantwortung dieser Fragen setzen wir entweder Phase A (Handeln) fort, nehmen also wieder das morgendliche Klavierspielen auf (falls die Veränderung nichts gebracht hat), oder wir spielen von nun an immer abends Klavier, falls es da besser lief. Was wir künftig in Phase A machen, wird in unserem Leben die neue Richtlinie bzw. der neue Standard sein.

NEGATIVE MOTIVATION MIT »KAIZEN«

1. Zählen Sie drei konkrete Veränderungen auf, die in Ihrem Leben fällig sind – eventuell auch in früheren Kapiteln notierte Initiativen –, die Sie aber schon lange vor sich herschieben.
2. Schreiben Sie in jeweils einem Satz, warum die Veränderung unter allen Umständen notwendig ist. Dieser Satz muss die nötige Kraft besitzen, um Ihnen als Sprungbrett für einen Wandel zu dienen.
3. Stellen Sie sich vor, wie Ihre Zukunft aussieht, falls Sie nichts verändern. Sollten Sie sich beispielsweise vornehmen, zweimal die Woche zum Sport zu gehen, könnte Ihr Satz zur Visualisierung der Zukunft so lauten: »Wenn ich

nicht anfange, Sport zu treiben, werde ich in zehn Jahren etliche Beschwerden haben und oft zum Arzt müssen.« Damit jagen Sie sich selbst einen Schreck ein, der Sie motivieren soll, die Veränderung einzuleiten.

Erste Verbesserung: ______________________________

Was passiert, wenn ich weitermache wie bisher?

____

Zweite Verbesserung: ____________________________

Was passiert, wenn ich weitermache wie bisher?

____

Dritte Verbesserung: _____________________________

Was passiert, wenn ich weitermache wie bisher?

____

Schauen Sie sich nach einem Monat an, ob Sie Ihren Plan ausgeführt und Ihre Ziele erreicht haben oder nicht. Sollte Letzteres der Fall sein, seien Sie nicht frustriert. Finden Sie den Grund dafür heraus, und suchen Sie nach Lösungen. Stellen Sie anschließend einen neuen Plan mit konkreten Aktionen zusammen, die sich von denen unterscheiden, die Sie einen Monat zuvor praktiziert haben.

Stellen Sie sich folgende Fragen:

- Warum ist mir die erste Verbesserung nach einem Monat nicht gelungen? ______________________________
- Warum ist mir die zweite Verbesserung nach einem Monat nicht gelungen? ______________________________
- Warum ist mir die dritte Verbesserung nach einem Monat nicht gelungen? ______________________________

Funktioniert etwas nicht wie geplant, bedeutet das noch keine Niederlage. Scheitern ist, wenn man immer wieder das Gleiche tut und andere Ergebnisse erwartet, hat Einstein einmal gesagt. Wenn Sie immer wieder das Gleiche tun, wird sich nichts ändern!

In diese Falle tappen wir Menschen sehr oft.

34. Station – Kyūdō

Die Kunst des Bogenschießens

Ein fahrender Zug ist wie ein gezielt abgeschossener Pfeil. Er trifft immer ins Schwarze, ähnlich dem Menschen, der weiß, was er leidenschaftlich liebt, und beschlossen hat, alles zu tun, um sein Ziel zu erreichen. Die Kunst des Bogenschießens hat mit diesem Streben vieles gemein.

In Japan heißt diese Disziplin *Kyūdō* und wird dort seit Urzeiten praktiziert. Früher galt sie im Krieg und auf der Jagd als unverzichtbar, erfüllte aber auch die Aufgabe, Körper und Geist für das tägliche Leben zu stärken.

Kyūdō gilt als *eine Kunst des seelischen Trainings*, was man in Japan noch heute vielerorts bestätigt findet.

Bogenschießen fordert den Einsatz von Körper, Geist und Seele, da es ein hohes Maß an Gleichgewicht, Geduld, Treffsicherheit und geistiger wie körperlicher Stabilität verlangt. Wer Bogenschießen praktiziert, fühlt sich daher imstande, viele Alltagssituationen mit innerer Ruhe zu meistern, und betrachtet die Welt mit einer Gelassenheit und Klarheit, wie sie nur wenigen Menschen eigen ist.

Zen und Bogenschießen

Dass die mystische Verbindung von Bogenschießen und Spiritualität auch in Europa bekannt wurde, ist vor allem Eugen Herrigel zu verdanken.

Der 1885 geborene deutsche Philosoph Eugen Herrigel, der sich sehr für fernöstliche Kultur und Zen interessierte, nahm eine Lehrstelle an einer japanischen Universität an. Während seines Japan-Aufenthalts widmete er sich dem Studium der Zen-Philosophie und lernte unter anderem das Bogenschießen.

Nach zahlreichen inspirierenden Gesprächen mit seinem Meister Awa Kenzo beschloss Herrigel, seine Erfahrungen schriftlich festzuhalten.

Es dauerte nicht lange, bis ein deutscher Verlag sich für seinen Essay interessierte, der später in viele Sprachen, sogar ins Japanische, übersetzt wurde. *Zen in der Kunst des Bogenschießens* erscheint bis heute in immer neuen Auflagen in der ganzen Welt und gilt als einer der bedeutendsten modernen Klassiker, die sich mit japanischer Kultur und Zen-Philosophie befassen.

In seinem Buch bringt Herrigel dem Leser die wesentlichen Elemente des Bogenschießens und die von seinem Meister vermittelten Zen-Weisheiten näher. In schlichter, gut verständlicher Sprache erklärt der deutsche Gelehrte und Liebhaber des spirituellen Japan, wie wir die magische Verbindung von Zen und Bogenschießen auf unseren Alltag übertragen, unsere Leidenschaft entfalten und zu Meistern unseres inneren Friedens werden können.

Herrigel rät unter anderem zu Folgendem:

- Geduldig zu sein und zuzulassen, dass die Dinge geschehen, wenn sie geschehen müssen, sie also nicht zu erzwingen: »Je hartnäckiger Sie dabei bleiben, das Abschießen des Pfeiles erlernen zu wollen, damit Sie das Ziel sicher treffen, umso weniger wird das eine gelingen, umso ferner das andere rücken. Es steht Ihnen im Wege, dass Sie einen zu willigen Willen haben.«

- Beharrlichkeit zu üben und täglich zu arbeiten, damit das, was uns heute große Mühe kostet, sich nach einer Weile flüssig und natürlich vollzieht. Dabei kann auch Kaizen uns helfen.
- Bescheiden zu sein und zu lernen, denn um besser zu werden, muss man erst einmal scheitern.
- Geschmeidig zu sein und zuzulassen, dass unsere Hände greifen, ohne abzuschnüren, und unser Geist denkt, ohne sich zu versteifen.

»… Es klingt nicht mehr wie früher zusammen.
Sie sehen vieles anders und messen mit anderen Maßen.
Auch mir ist es so gegangen, und jedem steht es bevor,
der vom Geist dieser Kunst angerührt ist.«

Eugen Herrigel
Zen in der Kunst des Bogenschießens

Eine neue Perspektive

Laut Herrigel müssen wir bei jeder Kunst, die wir ernsthaft praktizieren, mutig sein und *uns darauf vorbereiten, der Welt mit einer neuen Einstellung entgegenzutreten.* Jedes Lernen und jede Entwicklung ist mit einer Veränderung verbunden, die zwangsläufig unseren Blick auf die Welt verwandeln wird.

Herrigel erlebte dies, als er nach Europa zurückkehrte. Denn wie er selbst sagt, bedeutet Bogenschießen *eine Herausforderung und bis in die Tiefen reichende Auseinandersetzung des Schützen mit sich selbst und seinem Geist* und eine innere Entwicklung, die auf den Weg des Friedens und der Weisheit führt.

Obwohl Herrigel später wieder in Deutschland lebte und sein Ansehen durch seine geistige Nähe zum Nationalsozialismus überschattet wurde, sind seine Lehren unverzichtbar geblieben für jeden, der etwas über die Kunst des Bogenschießens und die Praxis des Zen erfahren möchte.

Sein Bogen, der es ihm erlaubte, sich in seine eigene Seele und die buddhistische Philosophie zu vertiefen, kann noch heute in einem Tempel in Kamakura in seinem geliebten Japan bewundert werden.

»DER BOGENSCHÜTZE ZIELT AUF SICH SELBST«

Zu dieser Erkenntnis gelangte Herrigel nach all den Jahren, die er mit seinem Kyūdō -Meister verbracht hatte. Das Wichtigste ist nicht, dass der Schütze auf der äußeren Zielscheibe ins Schwarze trifft, sondern auf der, die er in sich trägt und die ihn zu spiritueller Vollkommenheit führt.

Wenn Sie sich im Konflikt mit der Welt oder mit sich selbst befinden, senden Sie Ihrem Innern folgende Fragenpfeile:

1. Wie viel Verantwortung trage ich selbst an diesem Problem?
2. Was hätte ich besser machen können, um diese Situation zu vermeiden?
3. Wie muss ich mich geistig verändern, damit dieses Problem sich in Zukunft nicht wiederholt?

35. Station – Tōshō-gū

Die Lehre der drei Affen

Die letzte Station auf unserer Reise ist Nikkō, eine Stadt nördlich von Tokio, die eines der liebenswertesten und kraftvollsten Symbole der japanischen Ikonografie beherbergt: die drei weisen Affen. Das Motiv der drei Affen findet sich als Fassadenschnitzerei an einem ehemaligen Stall auf dem Gelände des Tōshō-gū-Schreins. Ein Affe hält sich die Ohren zu, der zweite den Mund, der dritte die Augen.

Der rätselhafte Ursprung der drei sinnbildlichen Tiere könnte in folgendem japanischen Sprichwort liegen, das angeblich aus den Schriften des Konfuzius stammt: »Schau nicht auf das Schlechte, höre nicht auf das Schlechte, rede nicht über das Schlechte.«

Die drei weisen Affen heißen Mizaru (見ざる, der nicht Sehende), Kikazaru (聞かざる, der nicht Hörende) und Iwazaru (言わざる, der nicht Sprechende). Die Endung *zaru* besitzt eine Besonderheit: Im Altjapanischen bedeutet sie »nicht tun« und zugleich »Affe«, was wohl auch der Grund dafür ist, dass man das Sprichwort 1636 durch drei geschnitzte Affen dargestellt hat.

Die drei Siebe

Die Botschaft von Mizaru, Kikazaru und Iwazaru stimmt mit der Aussage einer erhellenden Anekdote aus dem alten Griechenland überein.

Sie erzählt davon, dass eines Tages ein Schüler in großer Aufregung zu Sokrates kam und zu ihm sagte:

»Meister! Ich will dir erzählen, wie missgünstig einer deiner Freunde über dich gesprochen hat …«

Sokrates unterbrach ihn sogleich:

»Warte! Hast du das, was du mir sagen willst, schon durch die drei Siebe gesiebt?«

»Die drei Siebe?«, fragte der Schüler, der nicht verstand, was sein Meister meinte.

»Ja«, antwortete Sokrates. »Das erste Sieb ist die WAHRHEIT. Hast du bei allem, was du mir zu sagen hast, genau geprüft, ob es wahr ist?«

»Nein … Ich hörte, wie jemand es Nachbarn erzählte.«

»Aber sicher hast du es mit dem zweiten Sieb gesiebt, dem der GÜTE. Ist das, was du mir erzählen willst, wenigsten gut?«

»Nein, das nicht … Im Gegenteil.«

»Ah!«, erwiderte Sokrates. »Dann kommen wir noch zum dritten und letzten Sieb. Ist es NOTWENDIG, dass du es mir erzählst?«

»Ehrlich gesagt, nein. Notwendig ist es nicht.«

»Wenn also das, was du mir erzählen wolltest«, schloss der Weise, »weder erwiesenermaßen wahr noch gut noch notwendig ist, so lass es begraben sein und belaste dich und mich nicht damit.«

Laut Sokrates und seinen drei Sieben sollte man also,

bevor man jemandem etwas erzählt, das ihn unangenehm treffen könnte, zuerst prüfen, ob es WAHR, GUT und NOTWENDIG ist.

In welchem geistigen Universum willst du leben?

Die Lehre der drei Siebe des Sokrates vertritt im Grunde auch der Affe Iwazaru, der sich den Mund zuhält und so das Nicht-Verbreiten schlechter Reden verkörpert. Jemand, der kritisiert oder die Kritik anderer weitergibt, verliert sehr rasch an Unterstützung bei der Realisierung seines *Ikigai*. Denn wer ihm zuhört, muss – zu Recht – fürchten, hinter seinem Rücken ebenfalls von ihm kritisiert und verspottet zu werden. Wenn wir auf Negatives in unserem Umfeld hinweisen, mag dies bisweilen für Unterhaltung sorgen, aber mittel- oder langfristig führt es zu nichts Gutem. Es bringt uns eher in Verruf und birgt die Gefahr, dass wir in den Augen der anderen an Vertrauenswürdigkeit verlieren.

Der linke Affe, Kikazaru, symbolisiert mit seinen zugehaltenen Ohren eine höhere Stufe auf dem Weg zu spiritueller Vollkommenheit. Wenn wir nicht nur nichts Negatives über andere weitererzählen, sondern uns auch weigern, Negatives aufzunehmen, kann kein unnötiger »Müll« unseren Geist vergiften, und wir bleiben innerlich frei, um Gutes zu tun und unser *Ikigai* zu entfalten.

Rechts sitzt Mizaru, der Affe, der nichts sieht, und lehrt uns, nicht in die falsche Richtung zu schauen. Damit symbolisiert er den letzten Schritt des reinigenden Filterns. Wenn wir Negatives weder hören noch weitergeben, können wir alle Aufmerksamkeit – das Sehen und unsere übrigen Sinne – auf das lenken, was nützlich und vorteilhaft für alle ist, angefangen bei uns selbst. Dies wird uns bei der Verwirklichung unseres Traums einen großen Schritt voranbringen.

DREI WEISE AFFEN IN IHREM LEBEN

Falls Sie die Lehre der weisen Affen Mizaru, Kikazaru und Iwazaru für Ihr Leben nutzen möchten, prüfen Sie sich selbst, und beantworten Sie folgende Fragen:

1. **Beschäftigen Sie sich beim Fernsehen, Radiohören oder Lesen von Zeitungen oder Internetseiten ausgiebiger mit den positiven oder mit den negativen Seiten der Realität?**
   Ist Letzteres der Fall, interessieren Sie sich künftig lieber für Berichte über Kultur, technische Entwicklungen, Psychologie oder ein Wissensgebiet, das Sie bereichern könnte.
2. **Schlagen Sie sich bei Unterhaltungen eher auf die Seite derer, die schlecht über andere reden?**
   Falls ja, versuchen Sie das Gespräch auf andere Themen zu lenken, um Ihren Geist von »Müll« zu befreien, der Sie nicht besser und nicht effizienter macht. Mit der Zeit wird das Lästermaul merken, dass Sie für seine negativen Reden nicht empfänglich sind, und sich andere Komplizen suchen.
3. **Helfen Sie anderen in Gesprächen mit ihnen, sich von ihrer besten Seite zu zeigen?**
   Falls Sie es noch nicht tun, machen Sie sich klar, dass die anderen Ihr Spiegel sind und Sie folglich die Hilfe und Anerkennung, die Sie ihnen spenden, auch sich selbst spenden.

Wie Sie dem *Ikigai* zur Wirkung verhelfen

Finden Sie zum Einklang mit Ihren Lebenszielen

Tage, Monate oder Jahre können vergehen, ohne dass wir die Tretmühle unserer täglichen Verpflichtungen verlassen. Eines Tages aber fragen wir uns, ob wir wirklich unser Leben leben oder ob wir bei dem Versuch, die Erwartungen anderer zu erfüllen, lediglich überleben.

Wann haben Sie zuletzt innegehalten und darüber nachgedacht, worin Ihre Aufgabe im Leben besteht?

Machen Sie sich vor dieser abschließenden Übung einen Tee, oder gießen Sie sich Ihr Lieblingsgetränk ein, und nehmen Sie Stift und Papier zur Hand. Lassen Sie sich Zeit, Sie haben keine Eile. Vermutlich haben Sie viel zu tun, Dinge im Haushalt zu erledigen, müssen arbeiten, einkaufen gehen, einen Wochenendausflug planen … doch was kann wichtiger sein als ein Leben im Einklang mit Ihrem *Ikigai*?

Was Sie nun tun werden, ist wichtig, schieben Sie also alles, was Sie sonst noch beschäftigt, beiseite, und nehmen Sie sich Zeit für diese Schlussübung, die Ihr Leben in eine neue Richtung lenken kann.

Sie werden nun selbst den Kompass anfertigen, der Ihnen helfen wird, im Einklang mit Ihrem *Ikigai* weiterzureisen.

Sollten Sie sich in Zukunft einmal verloren fühlen, holen Sie ihn hervor, um wieder auf Kurs zu kommen.

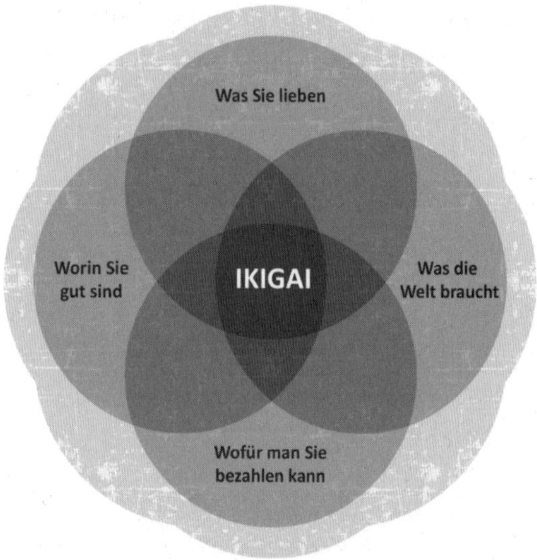

Die vier Komponenten des *Ikigai*

Die heutige Gesellschaft erwartet von uns, dass wir all unser Handeln und Denken darauf ausrichten, Geld zu verdienen, dass wir folglich all unsere Energie in den untersten Teil des *Ikigai*-Schemas stecken.

Konzentriert man sich aber lediglich aufs Geldverdienen und lässt die anderen Komponenten des *Ikigai*-Diagramms außer Acht, läuft man Gefahr, ein sinnentleertes Leben zu führen.

Nach unserer gemeinsamen Reise über fünfunddreißig Etappen soll es in dieser letzten Übung darum gehen, die vier *Ikigai*-Komponenten zu verknüpfen, um unser Leben mit unseren Werten und Zielen in Einklang zu bringen.

Hierfür schlagen wir Ihnen vor, ein Blatt Papier in vier Felder aufzuteilen:

1. Was ich liebe	2. Was die Welt braucht
3. Wofür man mich bezahlen kann	4. Worin ich gut bin

Füllen Sie zuerst das linke obere Feld aus.

1. Was ich liebe

Dies ist der einfachste Teil der Übung. Schreiben Sie alles auf, was Ihnen zu der Frage einfällt, bei was Sie sich wohlfühlen und womit Sie glücklich sind. Schreiben Sie zügig, ohne lange zu überlegen. Seien Sie absolut ehrlich, und schreiben Sie nur das auf, was Sie mit Leidenschaft tun.

Schlafen Sie gern unterm Sternenhimmel? Schreiben Sie es auf! Macht es Sie glücklich, ein neues Rezept auszuprobieren? Schreiben Sie es auf! Urteilen Sie nicht, ob etwas in den Augen der Gesellschaft korrekt oder nützlich ist. Es geht einzig darum, dass Sie alles aufschreiben, was Ihnen Glücksgefühle beschert.

2. Was die Welt braucht

Wenn wir die meiste Zeit versuchen, nur das zu tun, was wir lieben, wird sich zwar unser Glücksgefühl verstärken, aber auch die Gefahr, dass wir dem Egoismus in die Falle gehen.

Von den alten Menschen in Okinawa haben wir gelernt, dass einer der Schlüssel zu einem langen, gesunden Leben in der Gemeinschaft liegt. Sie alle gehören einer Gemeinschaft an, einem *Moai*, in dem sie sich gegenseitig helfen. Für seine Mitmenschen nützlich zu sein, die einen umgeben, hat wesentlichen Anteil an unserer Selbstverwirklichung.

Tragen Sie deshalb im zweiten Feld alles ein, was andere brauchen, nicht nur Ihre Freunde und Ihre Familie, auch die Welt.

Beginnen Sie mit Sätzen wie *»Mein lieber/Meine liebe ______ ____________ braucht __________________________«.*

Fahren Sie fort mit: *»Die Welt braucht ______________«*, oder schreiben Sie konkretere Dinge wie *»Meine Arbeitskollegen brauchen _______________«, »Die Schule meiner Kinder braucht ___________________________«.*

3. Wofür man mich bezahlen kann

Wenn wir unser Leben nach dem ausrichten, was wir in die ersten beiden Felder eingetragen haben, können wir uns glücklich und nützlich fühlen. Freilich müssen wir auch für unseren Unterhalt sorgen und Geld für unsere Projekte aufbringen.

Bei unseren Gesprächen mit den alten Menschen in Ogimi ist uns sofort aufgefallen, dass die meisten von ihnen selbst mit achtzig, neunzig Jahren noch immer irgendeine Art von Geschäft betrieben haben. Einige verkauften das Gemüse aus ihren Gärten auf dem Dorfmarkt, der dreiundneunzigjährige Yuki zum Beispiel bot dort von ihm gefertigte Ledertaschen und -mappen an.

Man sollte sich keinesfalls dafür schämen, als Gegenleistung für sein Können Geld zu verlangen. Etwas, worin man gut ist, mit einem Einkommen zu verbinden, erlaubt einem ein nachhaltiges Leben.

Mit manchen Tätigkeiten kann man sofort Geld verdienen, andere haben das Potenzial, einem in der Zukunft Gewinne einzubringen. Laut erfolgreichen Unternehmern wie Warren Buffett ist einer der Schlüssel zum Wohlstand, dass man lernt, langfristig und angstfrei zu denken.

Schreiben Sie im dritten Teil dieser Übung auf, womit Sie zurzeit Geld verdienen, ungeachtet der Frage, ob es Sie glücklich macht oder nicht. Schreiben Sie einfach nur *»Zurzeit verdiene ich mein Geld mit ______________________*«.

Überlegen Sie sich nun andere Möglichkeiten des Geldverdienens, die in Zukunft Ihren Lebensunterhalt sichern könnten, und schreiben Sie: *»In Zukunft würde ich gern Geld verdienen mit ______________________* .«

4. Worin ich gut bin

Manchmal wissen wir nicht genau, wozu wir fähig sind, weil unser Potenzial durch frühere emotionale Erfahrungen verschleiert ist. Hatten wir zum Beispiel einen schlechten Mathe- oder Musiklehrer, sagen wir uns heute vermutlich: »Mathe liegt mir nicht« oder »Ich bin nicht musikalisch«.

Oftmals stellen wir uns nur deshalb Hindernisse in den Weg, weil wir entschieden haben, dass etwas »uns nicht liegt«, oder andere uns dies eingeredet haben. Dabei können wir Menschen praktisch alles sein und tun, was wir uns wünschen. Und wer könnte besser wissen als wir selbst, wo unsere Talente liegen?

Vergessen Sie, was andere einmal gesagt haben, und schreiben Sie auf, was Sie selbst in Ihrem tiefsten Innern glauben.

Beginnen Sie Ihre Sätze in diesem Feld mit *»Ich bin gut in/bei ________________________________«.*

Überlegen Sie sich, welche Fähigkeiten Sie neben denen, die Sie hier und heute beherrschen, entfalten könnten, wenn Sie für die notwendige Vorbereitung sorgen.

»In Zukunft kann ich gut sein in/bei ________________, wenn ich mich vorbereite, indem ich ____________________.«

An diesem Punkt angekommen, sollte Ihr Kompass mit den vier *Ikigai*-Komponenten ähnlich aussehen wie die Tabelle unten:

Beispiel: die vier *Ikigai*-Komponenten von Héctor

1. Was ich liebe	2. Was die Welt braucht
Schreiben Mit Freunden und Familie verreisen Ins Kino gehen Videospiele machen Kaffee trinken Lesen Mich mit geliebten Menschen unterhalten Fotografieren Musik hören Jegliche kreative Arbeit Programmieren	Mein Freund Alfredo braucht von mir größere Aufmerksamkeit, da er arbeitslos ist Meine Familie braucht es, dass ich mehr Zeit mit ihr verbringe Meine Arbeitskollegen brauchen es, dass ich mich ihnen stärker zuwende und ihnen helfe Ich sollte mehr Zeit mit meinen Freunden Pepe und Juan verbringen und ihnen sagen, wie wichtig sie mir sind Meine Leser brauchen mehr freundliche Zuwendung von mir und nicht nur Bücher und Websites Die Welt braucht mehr Liebe und weniger Hass Die Welt braucht mehr Altruismus

3. Wofür man mich bezahlen kann	4. Worin ich gut bin
Zurzeit verdiene ich mein Geld: als Angestellter eines Konzerns in Tokio Künftig würde ich gern: einen Teil meiner Ersparnisse nutzen, um das Online-Geschäft aufzubauen, das mir seit Jahren vorschwebt und das ich nicht zu gründen wage mehr Bücher schreiben meine Fotografien verkaufen Vorträge zu japanischer Kultur halten mein Geld in vertrauenswürdige Finanzobjekte investieren	Zurzeit bin ich gut im: Programmieren Ordnen und Zusammenfassen von Informationsquellen Schreiben von Sachbüchern Fotografieren Künftig wäre ich gern gut im: Verfassen von Belletristik Betreiben eines eigenen Geschäfts Yoga Komponieren

Schreiten Sie zur Tat

Sie sind bis hierher gekommen und haben alle vier Felder ausgefüllt? Herzlichen Glückwunsch! Sie tragen den Keim des Erfolgs in sich.

Im zweiten Teil der Übung verpflichten Sie sich nun, einige Entscheidungen zu treffen, die Ihrem *Ikigai* zum Start verhelfen sollen.

Aktiv zu werden, statt weiter Zuschauer zu bleiben, ist das A und O, wenn wir das *Ikigai*, das in uns schlummert, ans Licht holen wollen.

Oft machen wir den Fehler zu glauben, unser Lebensziel

sei etwas Magisches, das uns irgendwann durch Zufall begegnen oder sich als eine Art Offenbarung zeigen wird. Schaut man sich die Geschichten von Leuten, die ihre Leidenschaft gefunden haben, aber genauer an, wird einem klar, dass weder Zufall noch Magie am Werk waren. Ausdauer und Hartnäckigkeit sind der Grund, weshalb diese Menschen mit der Zeit auf einem bestimmten Gebiet gut wurden und mit Herzblut bei der Sache waren.

Häufig mussten sie vieles ausprobieren, nach dem Trial-and-error-Prinzip, bevor sie ihr *Ikigai* fanden. Oder sie stießen schon in jungen Jahren auf etwas, das sich mit der Zeit zu ihrer Geldquelle und ihrer Leidenschaft entwickelte. Aktion kommt vor Passion.

AKTION —> PASSION

Oder um es mit Donald Kendall zu sagen: »Nur im Wörterbuch kommt Erfolg vor Mühe.«

Zur Tat schreiten lässt sich auf vielfache Weise, zum Beispiel indem man die schon seit Wochen geplante E-Mail schreibt, sich bei einem Malkurs anmeldet, den ungeliebten Job an den Nagel hängt, den geliebten Partner heiratet, eine seit Langem kaputte Beziehung beendet, die Reise unternimmt, von der man seit Jahren träumt …

Hauptsache man tut es. *Sie brauchen niemanden um Erlaubnis zu bitten, es ist Ihr Leben.*

Kehren Sie nun zu dem Blatt Papier mit den vier *Ikigai*-Komponenten zurück, und unterstreichen Sie die Dinge, denen Sie momentan nicht genug Zeit widmen, also alles, was Ihnen wichtig ist, was Sie aber in letzter Zeit haben links liegen lassen.

Schreiben Sie zu jeder vernachlässigten Sache drei konkrete Dinge auf, die Sie in Angriff nehmen wollen, um die vergessenen Anteile Ihres Lebens zu aktivieren und Ihrem *Ikigai* zur Entfaltung zu verhelfen.

Nehmen Sie als Beispiel das in diesem Buch angesprochene musikalische Übungsprogramm. Wenn Sie bereits ein Instrument spielen und gerne komponieren würden, können Sie jetzt damit beginnen, ...

- wieder die Stücke und Lieder zu hören, die Sie am meisten faszinieren,
- eines der Stücke auf dem Klavier oder einem anderen Instrument zu lernen und dabei seine Konstruktion zu erkunden,
- auf der Basis dieser Übung ein eigenes Lied zu komponieren.

Korrigieren Sie Ihren Kurs, wann immer es nötig ist

Wenn Sie merken, dass Sie unzufrieden sind und den ganzen Tag über Probleme nachgrübeln, nehmen Sie sich erneut das Blatt Papier mit den vier Feldern vor, und fragen Sie sich: Integriere ich die vier *Ikigai*-Komponenten in meinen Alltag? Oder kümmere ich mich nur darum, Geld zu verdienen? Widme ich meinen Leidenschaften genügend Zeit?

Augenblicke des Zweifelns drängen uns, Entscheidungen zu treffen, Dinge, die nicht funktionieren, zu beenden und mit etwas anderem, Neuem zu beginnen.

Wenn wir spüren, dass es Zeit ist, eine neue Richtung einzuschlagen, meldet sich möglicherweise Angst. Doch sobald wir den Kurs korrigiert haben, werden wir merken, dass die Angst viel schlimmer war als der Sprung ins Ungewisse.

Geben Sie alles auf, was Sie nicht begeistert, und tragen Sie neue Ideen in die entsprechenden Felder ein. Genau wie das Leben ist auch das *Ikigai* nichts Starres, Unveränderliches. Wechseln Sie die Richtung, wann immer es Ihnen nötig erscheint! Das Leben ist zu kurz, um in einer Einöde zu verharren.

Eliminieren Sie Unnötiges, oder schreiten Sie zu neuen Taten, aber bleiben Sie nicht stehen. Es wird nichts Neues oder Aufregendes passieren, solange Sie nicht selbst die Initiative ergreifen.

Das Ende ist der Anfang

Auf dieser Seite endet eine Reise, und es beginnt eine neue.

Gemeinsam haben wir an fünfunddreißig Stationen angehalten und an jeder von ihnen ein praktisches Instrument zur Entdeckung, Stärkung und Umsetzung unserer Lebensziele an die Hand bekommen.

Hier endet die Fahrt, doch das Wichtigste beginnt. Wenn Sie das Buch schließen, nachdem Sie nochmals die fünfunddreißig Hilfsmittel durchgegangen sind, beginnt Ihr Abenteuer. Der eigenen Passion auf die Spur zu kommen und an ihr zu arbeiten, um sie mit anderen teilen zu können, ist das höchste Ziel, das ein Mensch anstreben kann.

Wir wollen uns mit den folgenden Zeilen von Ihnen verabschieden und wünschen Ihnen eine gute Reise.

Danke, dass Sie uns bis hierher begleitet haben!
Wenn Sie einige dieser Hilfsmittel auf Ihr Leben
anwenden, können Sie zweifellos manches langfristig
verändern, können so Ihr Ikigai *stärken und Ihre Ziele*
erreichen. Aber machen Sie nicht den Fehler, Ihre Ziele
allzu ernst zu nehmen. Gehen Sie ihnen stets mit
einem Lächeln entgegen, erlauben Sie sich Fehler,
und lernen Sie gemeinsam mit anderen und allein.
Wo immer Sie sind und was immer Sie erreichen,
denken Sie daran: Alles liegt vor Ihnen,
Sie haben die Dinge in der Hand.

Héctor García (Kirai) & Francesc Miralles

Die fünfunddreißig Wege zum Leben mit Ihrem *Ikigai*

1. Sollten Sie eine Verbesserung um zehn Prozent anstreben, überlegen Sie sich, wie Sie auf hundert Prozent kommen könnten.

2. Nehmen Sie mindestens eine »Unmöglichkeit« in Ihren Tagesplan auf.

3. Haben Sie Geduld und Ausdauer bei allem, was Sie sich vorgenommen haben.

4. Wenn Sie eine neue, positive Gewohnheit annehmen wollen, planen Sie dafür einundzwanzig Tage ein.

5. Bitten Sie Menschen Ihres Vertrauens um Feedback zu dem, was Sie tun.

6. Suchen Sie sich einen Mentor, der Sie bei der Verwirklichung Ihrer Lebensziele anleitet.

7. Imitieren Sie, was Ihnen gefällt, und machen Sie es bei Ihrem eigenen Projekt noch besser.

8. Finden Sie heraus, was Ihnen missfällt, um zu erkennen, was Ihnen gefällt.

9. Wählen Sie jede Woche eine Tugend, die Sie stärken wollen.

10. Teilen Sie Ihre Leidenschaft mit Weggefährten, um gemeinsam lernen und sich verbessern zu können.

11. Verlassen Sie Ihre Komfortzone, und erkunden Sie neue Regionen.

12. Geben Sie dem Wichtigen Priorität vor dem Dringenden.

13. Trennen Sie sich von allem, was in Ihrem Leben weder wichtig noch rentabel ist.

14. Geben Sie Ihrem Projekt einen Namen, der Sie zum Handeln motiviert.

15. Erinnern Sie sich wieder an die Werte und Träume Ihrer Kindheit.

16. Denken Sie zurück an die »großen Erfolge« Ihres Lebens, um sich Mut zu machen.

17. Fragen Sie sich, wer Ihre wichtigsten Freunde sind, und widmen Sie ihnen die verdiente Aufmerksamkeit.

18. Verbinden Sie die Punkte Ihrer Vergangenheit, um Ihre Gegenwart zu verstehen.

19. Führen Sie bildschirmlose, nicht virtuelle Zeiten ein.

20. Gestalten Sie Ihre Mahlzeiten und Ihre Freizeit nach dem »Slow-Life-Prinzip«.

21. Machen Sie nur eine Sache auf einmal, verzetteln Sie sich nicht.

22. Schreiben Sie jeden Tag mindestens fünf Minuten lang etwas Persönliches auf.

23. Erlernen Sie die Kunst des Haiku, um Ihre Gefühle zu ergründen.

24. Treffen Sie die grundlegenden Entscheidungen, die jetzt in Ihrem Leben nötig sind.

25. Übergeben Sie Ihren Träumen die Fragen, auf die Sie noch keine Antwort haben.

26. Zeichnen Sie ein Ensō, um im Flow zu sein.

27. Lösen Sie jede Woche ein Kōan.

28. Üben Sie sich bei Ihren täglichen Verrichtungen in Achtsamkeit.

29. Lassen Sie sich durch Serendipität und andere Zufälle leiten.

30. Tun Sie jeden Tag etwas aus zweckfreier Freundlichkeit.

31. Nehmen Sie die Menschen, die Ihnen nah sind, öfter in den Arm.

32. Reisen Sie hin und wieder ohne festes Ziel, und lassen Sie sich überraschen.

33. Nutzen Sie Kaizen zur Stärkung Ihres Ikigai.

34. Lenken Sie den Pfeil der Verbesserung stets auf sich selbst.

35. Entfernen Sie sich von Quellen der Negativität.

Dank

An unsere Familien und Freunde dafür, dass sie immer da sind, egal was passiert.

An Sandra Bruna und ihr Team dafür, dass sie stets das Unmögliche möglich machen.

An Carol L, Verlegerin, Ausnahmedokumentarin und außergewöhnliche Freundin.

An Vicente, Rosa, Carlos und Rodrigo für ihr liebevolles Lektorat.

An die Verleger in der ganzen Welt, die über unser Buch die *Ikigai*-Philosophie verbreiten.

An die Buchhändler dafür, dass sie ihre Passion zu einer Aufgabe der Wissensweitergabe machen.

An alle Leserinnen und Leser für ihre anregende Unterstützung und Zuneigung.

Quellen

K. Anders Ericcson, Robert Pool: Peak, Bodley Head, 2016; dt.: Top. *Die neue Wissenschaft vom bewussten Lernen*; aus dem Amerikanischen von Gabriele Gockel, Barbara Steckhan, Claus Varrelmann, Pattloch, München 2016

Malcolm Gladwell: *Überflieger. Warum manche Menschen erfolgreich sind und andere nicht*; aus dem Englischen von Jürgen Neubauer, Campus Verlag, Frankfurt 2009

Charles Duhigg: *Die Macht der Gewohnheit*; aus dem Amerikanischen von Thorsten Schmidt, Berlin Verlag, Berlin 2012

Austin Kleon: *Alles nur geklaut*; aus dem Englischen von Patrick Hutsch, Goldmann Verlag, München 2013

Ken Robinson: *In meinem Element. Wie wir von erfolgreichen Menschen lernen können, unser Potenzial zu entdecken*; aus dem Englischen von Rita Hörner, Goldmann/Arkana, München 2010 (Vorwort)

Keisuke Matsumoto: *Die achtsame Kunst des Putzens*; aus dem Japanischen von Wolfgang Höhn und Mariko Sakai, Goldmann, München 2015

Randy Pausch (mit Jeffrey Zaslow): *Last Lecture. Die Lehren meines Lebens*; aus dem Amerikanischen von Yvonne Badal, Goldmann Verlag, München 2010

Timothy Ferriss: *Die 4-Stunden-Woche*; aus dem Amerikanischen von Christoph Bausum, Ullstein Buchverlage, Berlin 2018

Robert Fulghum: *Alles, was Du wirklich wissen musst, hast Du schon als Kind gelernt*; aus dem Amerikanischen von Hans Jürgen Baron von Koskull, Goldmann Verlag, München 1989

Manfred Spitzer: *Gelegenheit macht Liebe*, Kleider machen Leute und der Teufel macht krank, Schattauer, Stuttgart 2016

H. D. Thoreau: *Walden oder Leben in den Wäldern*; aus dem Amerikanischen von Emma Emmerich und Tatjana Fischer, Diogenes, Zürich 1971

Edward de Bono: *Laterales Denken. Ein Kurs zur Erschließung Ihrer Kreativitätsreserven*; aus dem Englischen von Margaret Carroux und Wolfgang Eisermann, Rowohlt, Reinbeck bei Hamburg 1971 (Econ 1989)

Mariana Caplan: *Berühren heißt Leben*; aus dem Amerikanischen von Ulrike Kraemer, Verlag Via Nova, Petersberg 2005

Masaaki Imai: Kaizen. *Der Schlüssel zum Erfolg der Japaner im Wettbewerb*; Übersetzer Franz Nitsch, Wirtschaftsverlag Langen Müller/Herbig, München 1992

Eugen Herrigel: *Zen in der Kunst des Bogenschießens*, Otto Wilhelm Barth Verlag, München 1996

Janet Lowe: *Hier spricht Jack Welch: Weisheiten vom erfolgreichsten Manager der Welt*; aus dem Englischen von Egbert Neumüller, Börsenbuchverlag 2010

Susan Sontag, *Wiedergeboren. Tagebücher 1947–1963. Herausgegeben von David Rieff*; aus dem Englischen von Kathrin Razum, Carl Hanser, München 2010

Richard P. Feynman: *Sie belieben wohl zu schätzen, Mr. Feynman! – Abenteuer eines neugierigen Physikers*; aus dem Amerikanischen von Hans-Joachim Metzger, Piper Verlag, München 1987